UX 개론

UX 개론

실무에서 통하는
UX 기본기 다지기

앙투안 비조노 지음
백남지 옮김

유엑스리뷰

서문

경험 경제 시대에 살고 있는 모든 사람에게

미국의 작가 조셉 파인Joseph Pine이 1999년에 처음 주창한 '경험 경제experience economy'는 사용자 경험User Experience, UX을 가치 창출의 핵심 요소로 생각하는 새로운 경제 모델이다. 오늘날 기업들은 새롭고 차별적인 경험을 선사하는 제품과 서비스를 제안하며 경쟁우위를 확보하고 있다. 한 예로, 스타벅스의 성공 요인은 커피만이 아니다. 안락한 공간과 음악, 고객 응대, 다양한 메뉴, 퍼스널 옵션, 결제 시스템, 시음 서비스 등 스타벅스에서 경험할 수 있는 모든 것이 이 브랜드의 성공을 이끈 요인이라 할 수 있다. 바로 이렇게 사용자의 경험을 연출하는 작업을 '사용자 경험 디자인(UX 디자인)'이라 한다. UX 디자인은 마음을 끄는 경험, 매력적인 경험을 만들 뿐 아니라 기억에 남는 경험을 만들어준다.

나는 이 책에 지난 18년간 UX 디자이너로서 참고했던 방법론과 이론을 모두 풀어 정리했다. 오늘날의 주요 UX 이론과 그 이론을 정립한 인물들의 생각을 들여다보는 기회가 되었으면 한다.

5

1

첫 번째 파트에서는 사용자 중심 디자인 방법론들을 개괄한다. 제1장에서는 디자이너의 작업 방식인 '디자인 씽킹^{design thinking}'을, 제2장에서는 소프트웨어 개발 업계에서 처음 도입한 '애자일^{agile} 프로세스'가 어떻게 기업의 불확실성을 관리하여 생산 시스템을 바꿔놓았는지 알아본다. 제3장에서는 가치 창출이라는 핵심에 집중하며 모든 형태의 낭비를 지양하는 '린^{lean} 접근법'에 대해 소개한다. 제4장에서는 1주 단위의 짧은 개발 주기를 기본 단위로 사용자 중심 디자인을 실현하는 종합적인 방법론인 '디자인 스프린트^{design sprint}'에 대해 알아본다. 첫 번째 파트의 중심 주제는 '속도'다. 빠른 속도는 다양한 아이디어를 빠르게 비교하고 개발 주기를 신속하게 반복해 시장에 좋은 제품을 내놓을 수 있도록 한다는 점에서 긍정적인 요소라 할 수 있다.

그렇다면 좋은 제품이란 과연 무엇일까?

2

두 번째 파트에서는 바람직한 사용자 경험을 만드는 제품, 즉 '좋은 제품'의 세 가지 기준에 대해 이야기한다.

- 첫 번째 기준은 '효용성'이다. 비록 처음에는 그 효용성이 눈에 띄지 않더라도 결국에는 사용자의 욕구를 충족하는 제품을 만들어야 한다.
- 두 번째 기준은 '사용성'이다. 인간의 능력이 수용할 수 있는 제품을 만들어야 한다. 인간의 능력은 생각보다 한정적이기 때문이다.
- 세 번째 기준은 '감정'이다. 인간 활동의 핵심인 감정을 불러일으키는 제품을 만들어야 한다. 긍정적인 감정을 불러일으킴으로써 긍정적인 사용자 경험을 만들 수 있는 다양한 기법을 소개하고자 한다.

두 번째 파트에서는 '스토리텔링'에 대해서도 설명할 것이다. 사용자 경험은 영화와 많은 공통점을 가지고 있다. 이 파트를 완독하고 나면 UX 디자인이 '미장센(연출)'과 '인터랙티브 스토리텔링interactive storytelling'의 예술임을 깨닫게 될 것이다.

3

마지막 세 번째 파트에서는 사용자 경험을 기업 전략에 적용해본다. 기업 전략이란 무엇인지 이해한 뒤, 사용자 경험의 광범위한 일관성을 확보하는 방법에 대해 알아본다. 그리고 기존 기업들이 사용자 중심의 기업으로 거듭나는 과정을 살펴본다.

그리고 여기에 실무에 도움이 되는 내용을 추가했다. 채용 솔루션 서비스 회사 '잡 티저Job Teaser'의 사례와 프랑스 스타트업 육성 프로그램 '넥스트40Next40'의 지원을 받는 스타트업 컴퍼니들의 사례를 통해 '디자인 옵스Design Ops'를 계획하고 실천하는 방법을 소개할 것이다.

차례

6장. 인간의 능력에 맞는 제품을 개발하라

7장. 감정을 만들고 이야기를 담아라

Part 3 UX는 전략의 중심이다

8장. 비즈니스 전략을 이해하라

9장. 일관성을 확보하라

10장. 기업을 변화시켜라

Part 1
UX 실무를 위한
주요 방법론

UX 디자인의 첫걸음,
디자인 씽킹을 향해 출발!

1장
'디자인 씽킹'으로 디자인을 생각하라

디자인 씽킹의 유래를 찾아서

디자인 씽킹은 1980년 미국 서부에서 처음 등장한 개념으로, 디자인 에이전시 아이디오^{IDEO}의 창립자이자 스탠퍼드 대학교의 디자인 교육 프로그램인 디스쿨^{d.school}을 설립한 데이비드 켈리^{David Kelly} 교수가 주창하며 널리 알려졌다.

디자인 씽킹은 어떤 프로젝트를 완수하거나 성공적인 제품을 만드는 데 디자이너들의 '디자인적' 사고가 필수라는 생각을 바탕으로 한다. 디자이너들은 사용자 중심의 제품 디자인을 하는 훈련을 거치기 때문이다.

데이비드 켈리

디자이너는 창의력을 요구하는 직업적 특성상, 인간의 특성과 제품의 사용성을 고려한 솔루션을 찾는 과정에서 불확실성과 비선형성에 대비하는 일에 익숙하다. 이제 디자인 씽킹은 더 이상 디자이너들의 전유물이 아니다. 오히려 여러 학문에 걸친 종합적인 협력이 장려되는 접근법이다.

— 톰 켈리^{Tom Kelly}. 아이디오의 공동 창립자이자 데이비드 켈리의 동생

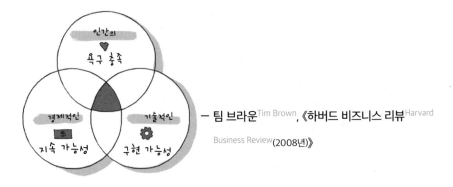

— 팀 브라운Tim Brown, 《하버드 비즈니스 리뷰Harvard Business Review(2008년)》

디자인이란 무엇인가

영어 단어 'design'은 '설계하다'라는 뜻을 가진 동사다. 스티브 잡스Steve Jobs에 따르면, 디자인이란 외양이나 느낌에 국한되는 개념이 아니라 제품이 기능을 수행하는 방식까지 포함하는 개념이다. 본래 디자인이라는 용어는 산업 디자인에서 물체의 형태를 가리키는 데 주로 사용되었으나, 점차 그 사용 범위가 넓어져 이제는 제품과 서비스뿐 아니라 어떤 프로세스, 나아가 전략까지도 디자인하는 시대가 되었다.

디자인 씽킹은 혁신을 위한 실용적인 접근 방식으로, 그 목표는 '인간의 욕구 충족', '경제적인 지속 가능성', '기술적인 구현 가능성'이라는 세 가지 조건을 충족시킨다. 디자인 씽킹의 목표를 달성하기 위한 세 가지 기본 원칙과 5단계 프로세스를 살펴보자.

원칙 1: 사용자 중심으로 생각할 것

사용자를 디자인 과정의 중심에 둠으로써 주관적인 판단에서 벗어나 실제 사실에 기반해 작업할 수 있다. 사용자가 누구인지, 그 인물이 무엇을 보고, 말하고, 듣고, 생각하고, 느끼고, 행동하는지 파악하는 것이 중요하다. 사용자는 관찰, 공동 디자인, 공동 평가 등을 수행함으로써 나침반과 같은 역할을 하며 프로젝트의 방향성을 제시한다.

원칙 2: 협업할 것

디자인 씽킹에는 다학제 간 협력, 즉 여러 학문에 걸친 종합적인 협력이 필요하다. 다양한 분야의 전문가들은 주로 워크숍을 통해 프로젝트의 중요한 순간에 개입한다. 특정 분야에 대한 깊이 있는 지식(세로 막대)과 다른 분야에 대한 폭넓은 공감 능력(가로 막대)을 갖춘 'T자형 인재'가 특히 선호된다.

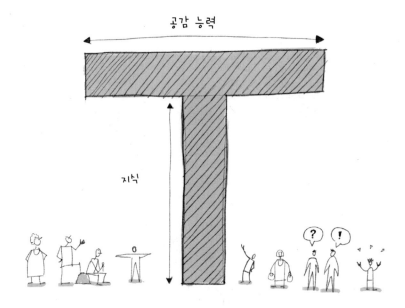

원칙 3: 반복할 것

반복[iteration](이터레이션)은 디자인 씽킹의 핵심이다. 최종 솔루션을 얻을 때까지 몇 번의 개발 주기[cycle]를 반복해야 하는지 예상하기 어려우므로, 디자인 씽킹을 도입하려는 기업은 최대한 빨리 첫발을 디뎌 이터레이션 문화를 만들어나가야 한다.

"빨리 성공하고 싶다면, 빠르게
실수하라."
— 팀 브라운, 아이디오 CEO

새로운 제품을 디자인하는 일은 '시도와 실수'를 통해
학습하는 과정이다. 실수는 피할 수 없는 하나의 과정이며,
최적의 솔루션을 이끌어낼 수 있는 방법이다. 실수의 존재
를 인정한다면 상황을 빠르게 해결하고(오류를 빠르게 개선할수록 손해도 줄어드는 법이다!) 실수
로 인해 발생하는 비용도 최소화할 수 있어 더욱 빠르게 성공을 거둘 수 있다. 디
자인 씽킹이 신속한 프로토타이핑prototyping과 짧은 반복 주기를 강조하는 이유는
바로 이 때문이다.

디자인 씽킹의 5단계 프로세스

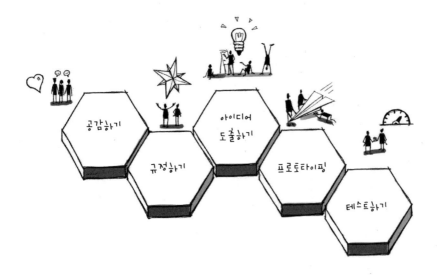

디자인 씽킹은 다음과 같이 5단계 프로세스로 진행된다.

1단계: 공감하기

사용자가 누구인지 파악하고, 사용자가 제품을 사용하게 된 동기와 일상에서 겪는 문제가 무엇인지 공감해본다.

2단계: 규정하기

한발 뒤로 물러나 문제를 규정하고, 어떤 각도로 문제에 접근할 것인지 관점을 정한다.

3단계: 아이디어 도출하기

브레인스토밍을 통해 최대한 많은 아이디어를 도출하고, 그중 가장 장래성 있는 아이디어를 선택한다.

4단계: 프로토타이핑

축소 모형, 레이아웃, 인터랙티브 프로토타입interactive prototype, 동영상 등의 형태로 프로토타입(시제품)을 만들어 아이디어를 시험해본다.

5단계: 테스트하기

최적의 솔루션을 얻기 위해 주기적으로 사용자 테스트를 한다.

1단계: 공감하기

'공감'은 사용자의 입장에서 생각하는 능력이다. 주관적인 판단을 배제하고 사용자를 관찰하며, 그의 사용 동기와 문화적 환경, 사용 패턴, 일상적으로 겪는 문제 등을 이해하며 공감해보는 것이다.

일반적으로는 '사용자 조사' 기법을 활용하는데, 상황에 따라 정량적 접근법과 정성적 접근법을 적절히 섞는다.

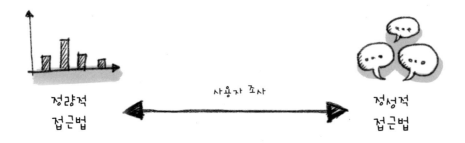

정량적 접근법은 어떤 문제나 경향을 파악하기 위해 큰 규모의 표본 집단을 상대로 조사를 진행하는 방법이다. 설문지를 활용해 설문조사를 하거나 웹 사이트의 특정 페이지 또는 특정 기능의 사용 패턴을 분석하는 '애널리틱스^{analytics}' 기법이 이에 해당한다.

정성적 접근법은 보다 한정적인 표본 집단을 대상으로 하며, 사용자를 둘러싼 요소 전반을 연구하는 '에스노그래피^{ethnography}'에 가깝다. 사용자의 일상적 환경에서 그를 관찰하고 인터뷰하는 방법이다. 사용자가 일상적으로 겪는 실제 상황에 몰입하는 훈련을 하면 팀의 공감 능력을 키우는 데 큰 도움이 된다.

공감 지도empathy map의 핵심 질문, 즉 '사용자는 무엇을 보고, 듣고, 말하며, 어떻게 행동하고, 생각할까?'를 통해 사용자 조사를 구조화할 수 있다. 적극적으로 관찰하고 배우는 이 단계를 성공적으로 수행하면 사용자를 바라보는 새로운 관점, 즉 인사이트insight를 얻게 된다.

관찰한 항목은 두 가지 카테고리로 나눌 수 있다.

- **난점**pain points: 사용자가 일상에서 특정 작업을 수행할 때 겪는 어려움을 말한다. 난점을 파악하면 프로젝트의 목표, '사용자가 겪는 문제에 대한 솔루션을 제공함으로써 가치를 창출한다'가 더욱 분명해진다.
- **이점**gains: 디자인 주제와 관련하여, 사용자가 일상에서 특정 작업을 수행할 때 얻고자 하는 이익을 말한다. 이점을 파악하면 사용자 요구의 근본 원인을 이해하고, 사용자를 위해 더 많은 가치를 창출해낼 수 있게 된다.

페르소나

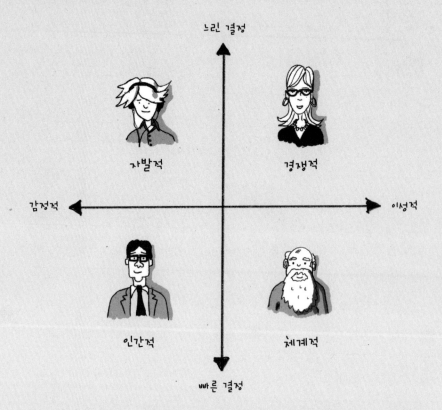

페르소나 persona 는 인터랙션 디자이너이자 소프트웨어 개발 전문가인 앨런 쿠퍼 Alan Cooper 가 주창하며 널리 알려진 개념으로, 사용자에 대한 정보를 종합적으로 시각화하여 보여준다. 페르소나는 사용자의 유형, 즉 세그먼트 segment 를 의인화한 것으로, 세그먼트의 특징을 대표하면서 실제로 존재할 법한 가상 인물을 가리킨다. 한편 페르소나는 사용자의 목표와 행동에 따라 분류된다. 모든 문제 상황에 일률적으로 적용 가능한 세분화 방식은 없다. 가령 이커머스 E-commerce 웹사이트의 경우, 사용자의 구매 행동을 기준으로 페르소나를 세분화한다.

인스타그램 사용자, 패션 잡지 《엘르ELLE》 구독

페이스북 사용자, 여행 잡지 《제오GEO》 구독

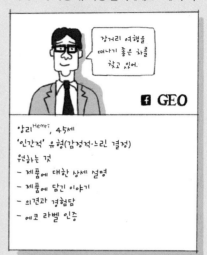

페르소나를 설정하려면, 각 세그먼트별 최소 2~4명의 사용자와 인터뷰를 해야 한다. 페르소나 프로필은 사용자의 행동적·사회문화적 변수(연령, 사회·직업적 범주, 욕구와 목표, 사용 도구, 사용 빈도, 문화기술Culture Technology, CT, 제품에 대한 전문 지식 등)에 대한 정보를 총체적으로 수집해 작성한 것이다. 잘 작성된 페르소나 프로필은 사용자가 겪는 문제를 한 마디 또는 몇 마디로 잘 요약해 보여준다.

페르소나 프로필에 개인적인 이야기를 더하면 더욱 공감할 수 있는 인물이 탄생한다. 여기서 중요한 점은 사용자의 정보가 적합성, 사실성, 현실성을 갖춰야 한다는 것이다. 페르소나 프로필이 완성되면 팀 멤버들이 함께 볼 수 있도록 공유한다.

2단계: 규정하기

2단계에서는 한발 물러나 '공감하기' 단계에서 수집한 정보를 분류한다. 문제를 명확히 규정하고 그 문제가 현실성과 적합성이 있는지, 적절히 표현되었는지 확인해보아야 한다. 팀은 어떤 각도로 문제에 접근할 것인지 공동의 관점을 정할 필요가 있다. 2단계는 문제 상황을 조감하고 가능성의 영역을 탐색할 수 있도록 하는 매우 중요한 단계다. 디자인 씽킹의 프로세스는 보통 다음과 같이 2개의 다이아몬드로 설명된다.

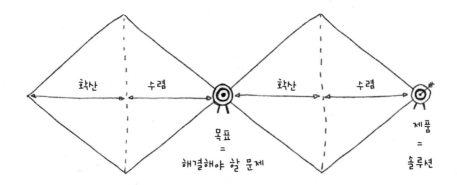

'좋은 제품'을 디자인하는 것	제품을 '잘' 디자인하는 것
문제를 명확히 규정하고 어떤 각도로 문제에 접근할 것인지 결정하는 '문제 규정' 단계가 바로 첫 번째 다이아몬드에 해당한다. 팀의 제품 비전product vision을 수립하여 새롭게 구상할 제품의 양상을 결정한다.	제품 비전이 수립되면 다음 단계로 넘어가 솔루션을 고안하고 제품의 디자인을 구상한다.

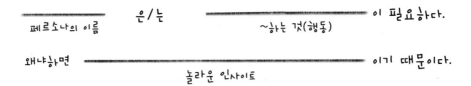

<u>   </u> 은/는 <u>   </u> 이 필요하다.
페르소나의 이름   ~하는 것(행동)

왜냐하면 <u>   </u> 이기 때문이다.
         놀라운 인사이트

    이전 단계에서 발견했던 인사이트를 근거로 제품 비전을 수립할 수 있다. 앞서 관찰을 통해 인사이트를 얻을 수 있고, 인사이트를 통해 사용자의 욕구와 그의 앞에 놓인 장애물을 파악할 수 있다는 사실을 배웠다. 모든 문제를 해결하기란 불가능하므로, 하나 또는 몇 개의 문제만 선정하도록 한다.

    스탠퍼드 디스쿨에서는 '사용자'와 '사용자의 욕구', '관련 인사이트'라는 세 가지 핵심 요소를 고려하여 프로젝트의 목표를 문장으로 표현하도록 지도하고 있다. 팀의 창의력을 끌어올린 뒤 아이데이션^{ideation}(아이디어를 얻기 위해 하는 모든 활동) 단계로 넘어가기 위해서는 발전적이고 동기부여가 되는 동시에 가능성을 열어주는 목표를 설정해야 한다.

고객 여정 지도

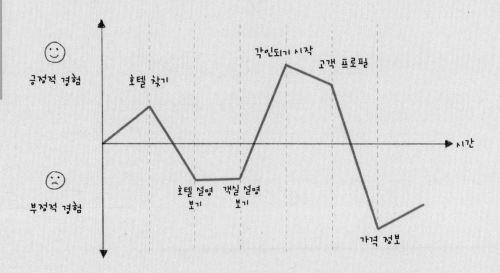

고객 여정 지도 customer journey 는 시간의 축 위에 긍정적 경험과 부정적 경험을 구분해 그래프로 표시해놓은 것이다. '공감하기' 단계에서 그린 고객 여정 지도는 현 상황을 반영해 UX 디자인의 목표를 보다 잘 이해할 수 있게 해준다. 페르소나별로 지도를 만들 수도 있고, 전반적인 상황을 요약한 지도를 만들 수도 있다.

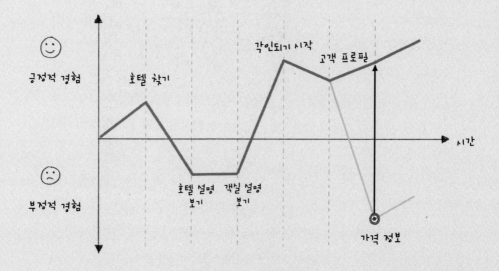

'규정하기' 단계에서는 해결할 문제를 선별한다. 고객에게 더 많은 가치를 가져다줄 솔루션에 창조적 에너지를 집중시키기 위해서다. 미국의 디자인 전문가 제러드 스풀Jared Spool에 따르면, 사람들은 지출에 대한 보상적 행동을 한다. 이를 고려해 고객 여정 지도를 활용하면 새로운 목표를 설정할 수 있다.

3단계: 아이디어 도출하기

3단계의 목표는 앞서 규정한 문제에 대한 해결책을 찾는 것이다. 아이디어를 생산하고 창의적인 사고를 하며, 다른 팀원들의 창의적 사고를 장려하는 과정이다.

광고인 알렉스 오스본^{Alex Osborn}이 1930년 말에 창안한 브레인스토밍^{brainstorming}은 집단의 창의력을 증진시키는 가장 오래된 방법 중 하나다. 그러나 브레인스토밍이 무조건 성공을 이끌어낸다는 보장은 없기 때문에 그 효용성에 대한 시비가 종종 일고 있다.

브레인스토밍을 정확히 수행하는 일은 실제로 꽤 어렵다. 그러나 조직이 창의적인 아이디어를 갖기 위해 반드시 필요한 과정이라고 생각하자. 브레인스토밍을 잘 활용하면 아이디어가 활발히 교류되고, 각자의 전문성과 능력, 특성에 따라 다양한 관점이 표출될 수 있다. 또한 다양한 문제 상황과 이에 맞는 선택지 및 솔루션을 포괄적으로 검토해볼 수 있다. 관점의 다양성은 프로젝트 성공을 위한 핵심 요건이다.

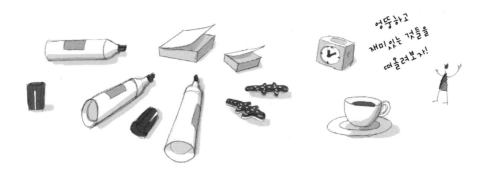

브레인스토밍

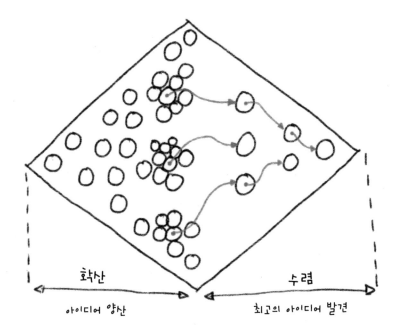

확산   수렴

아이디어 양산   최고의 아이디어 발견

　　브레인스토밍에 성공하려면 무엇보다 창조적 자신감을 가질 수 있도록 해야 한다. 즉, 의견 표현과 교류가 자유로운 환경을 만들어야 한다. 이를 위해 유희적이고 다이내믹하며 유쾌한 작업 환경을 만들어야 한다. 우선, 목표를 명확히 설정한 뒤 유능한 프로젝트팀을 꾸린다. 창의적인 아이디어를 표현해줄 수 있는 각종 도구와 커피 한 잔을 준비한다. 자연광이 들어오는 분위기 좋은 사무실에서 45분 정도 브레인스토밍 시간을 갖는다.

　　브레인스토밍은 보통 두 가지 단계로 나뉜다. 첫 번째 단계에서는 확산적 사고(최대한 많은 아이디어를 내는 것)를, 두 번째 단계에서는 수렴적 사고(아이디어를 등급화하여 그중 가장 좋은 아이디어를 선택하는 것)를 한다.

브레인스토밍의 규칙

아이디어에
관한 판단을
보류하고
자제한다.

기발하고 과감한
아이디어를
내도록 격려한다.

질보다 양을
우선시한다.

타인의 아이디어를
바탕으로
생각을 넓힌다.

모든 사람과
아이디어는
동등한 가치를 갖는다.

— 아이디오

그런데 대체…

좋은 아이디어는

어디서 오는 것일까?

창의력의 원천을 찾아서

현명한 크리에이터들의 생각을 참고해보자.

"훔쳐라, 아티스트처럼." – 오스틴 클레온^{Austin Kleon}

아티스트는 역사적인 예술 작품뿐 아니라 동시대인들의 뛰어난 작품으로부터 많은 영감을 받는다. 흥미로운 아이디어라면 뭐든 주저하지 않고 가져와 자기 것으로 소화해야 한다. 그것이 바로 창조적 사고의 밑거름이 된다.

"아이디어는 새로운 조합의 결과다."

– 제임스 웹 영^{James Webb Young}

좋은 아이디어는 종종 기존의 아이디어를 새로운 방식으로 조합하는 데서 나온다. 새로운 아이디어를 얻고 싶다면, 최대한 많은 소재를 모으고 재조합하며 자신의 창의력을 키워나가야 한다. 창의적인 생각은 매우 동떨어진 분야의 잡다한 요소를 조합하는 과정에서 탄생하기도 한다.

"큰 물고기를 잡아라." – 데이비드 린치^{David Lynch}

매우 새롭고 기존의 틀을 깨는 아이디어, 소위 말하는 아이디어 '대어'를 낚고 싶다면 안전지대 ^{comfort zone}를 떠나 수심이 깊은 곳으로 아이디어 낚시를 하러 가보자. 물가에만 머문다면 자그마한 아이디어에 만족해야 할 것이다.

"우연은 준비된 지성에게 온다."

— 루이 파스퇴르 Louis Pasteur

훌륭한 아이디어는 부단히 활동하는 머리에서 나온다. 상당수의 위대한 발명이 우연에서 비롯되었다는 사실을 가리켜 '세런디피티 serendipity (뜻밖의 발견)'라 부른다. 아이디어는 끊임없이 탐구하는 준비된 지성을 가지고 있을 때 싹튼다.

"좋은 아이디어를 얻기 위해서는 많은 아이디어가 필요하다."

— 토머스 에디슨 Thomas Edison

우리는 자연스럽게 양 quantity 보다 질 quality 을 우선시하는 경향이 있다. 그러나 창조적 프로세스에서 고품질의 결과물을 얻기 위해서는 아이디어의 양이 많을수록 좋다.

요약: 창의력을 키울 것, 안전지대에서 벗어날 것, 아이디어를 조합해볼 것, 끊임없이 생각할 것

비주얼 브레인스토밍

　글로 설명하기 어려운 문제를 여럿이서 함께 고민해보기 위해 새로운 브레인스토밍 기법이 등장했다. 그동안 우리가 아이디어를 주고받았던 방식은 많은 시간이 소요되고 효율성이 떨어졌다. 생각을 이미지로 표현하는 일은 그림을 잘 그리는 디자이너들의 몫이었고, 디자이너가 아닌 사람들은 오로지 글에 의존해 자신의 생각을 표현할 수밖에 없었다. 그렇다면 생각을 도식화해보는 건 어떨까? 보다 많은 사람이 도전해볼 수 있을 것이다.

　도표를 만들면 꼭 예쁜 모양이 아니더라도 글로 표현하는 것보다 더 많은 정보를 전달할 수 있다. 비주얼 브레인스토밍visual brainstorming은 회의 참여자에게 신뢰감을 주고, 각자의 생각을 도식schema으로 표현하기에 매우 좋은 방법이다.

　'식스 투 원Six to One'은 매우 능률적인 비주얼 브레인스토밍 기법이다. 특히 사용자 인터페이스User Interface, UI처럼 시각적인 요소를 디자인할 때 적합해 비주얼적 요소를 활용하여 즐기면서 진행할 수 있다. 식스 투 원은 다방면의 전문가들로 한 팀을 꾸려 1~2시간 동안 회의를 진행하는 것이다. 회의에서는 '도식 그리기'와 몇 가지 선택지를 두고 '토론하기'를 번갈아 진행한다. 아이디어를 활발히 교류하고 팀 공통의 비전을 만드는 데 매우 효과적이다.

핵심 개념 | 식스 투 원

브리핑 회의는 브리핑으로 시작된다. 예를 들어, 사회자는 회사의 모바일 애플리케이션 시작 페이지를 만들어야 하는 상황을 설명하고, 페이지에 어떤 기능을 더할 것인지 기능 목록을 보여준다.

확산 각 참여자는 주어진 12분의 시간 동안 다른 사람들과 상의하지 않고 제공된 템플릿에 자신의 아이디어 6개를 간단히 스케치한다.

공유 각 참여자는 2분 동안 6개의 아이디어를 발표한다. 이때 다른 참여자들은 코멘트를 하지 않는다. 발표가 모두 끝나면 가장 마음에 드는 아이디어에 색색의 스티커를 붙여 투표한다.

수렴 앞 과정에서 제안된 좋은 아이디어를 모두 활용해 주어진 12분의 시간 동안 보다 완성도 있는 하나의 아이디어를 구상한다.

종합 사회자는 아이디어를 종합적으로 시각화해 표현함으로써 하나의 아이디어로 의견이 수렴되도록 한다.

4단계: 프로토타이핑

'아이디어 도출하기' 단계가 끝나면 프로토타이핑을 한다. 이제 막 제안된 아이디어는 엉성한 부분이 많다. 프로토타이핑은 아이디어를 튼튼하고 풍성하게, 보다 완벽한 모습이 되도록 갈고닦는 단계이자 아이디어에 생명력을 불어넣는 단계라 할 수 있다. 프로토타이핑은 매우 창의적이고 반복적인 활동이다. 여러 솔루션을 시도해볼 수 있어야 하며, 맞지 않는 것은 과감히 버리고 다시 시작해야 한다.

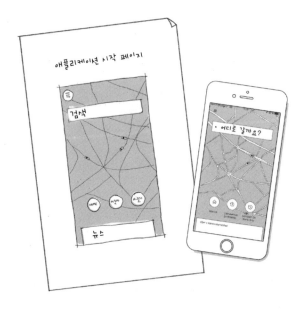

프로젝트의 진행 상황에 따라 '로우파이Lo-fi 프로토타입(메인 아이디어가 반영되었으나 최종 형태가 아닌 것)' 또는 '하이파이Hi-fi 프로토타입(최종 제품과 유사한 모델)'을 만든다.

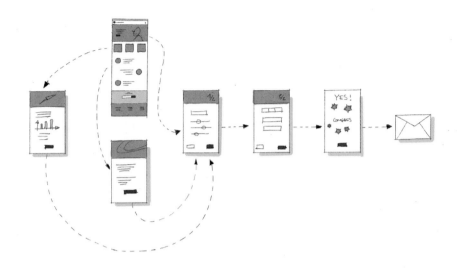

잘 만든 프로토타입은 하나의 이야기를 전달하며 솔루션을 예상할 수 있
는 도구가 된다. 프로토타입은 빠르게 제작할 수 있고 비용이 많이 들지 않는
것이어야 한다. 프로토타입의 장점은 여러 아이디어를 시도하거나 선택지를 비
교·실험하기에 용이하다는 것이다. 프로토타입 활용 시 너무 많은 수고를 기
울여야 한다면 잘못된 프로토타이핑 툴을 사용하고 있다는 의미다. 프로세스
를 신속하게 반복할 수 없는 툴이라면 그 역시 잘못된 것이다.

손으로 생각하기

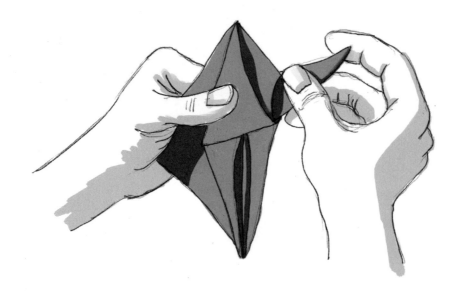

　손은 예민한 감각을 가지고 있는 신체 부위 중 하나다. 최근 여러 심리학 연구에 따르면 손은 뇌만큼이나 창의적 사고에 기여한다고 한다. 예를 들어, 아티스트는 생각을 완료한 뒤 그림을 그리지 않는다. 생각과 행동, 두 가지 요소가 함께 어우러지며 창의적인 결과물을 낳는 것이다. 정신과 신체, 생각과 행동을 별개의 것으로 여겨선 안 된다. 디자인 씽킹에서 '실천 후 생각하기'를 강조하는 이유는 생각의 연장선상에 육체적 활동이 있고, 실천이 더 나은 결과를 끌어내기 때문이다. 우리는 촉각이 주는 지속적인 피드백을 통해 비언어적 사고를 할 수 있고, 짧은 프로세스를 반복할 수 있다.

> **"크리에이터는 자신의 창작물과 즉각적인 커넥션connection을 가져야 한다."**
>
> ─ 브렛 빅터

애플Apple에서 근무한 경험이 있으며, 통찰력 있는 UI 디자이너로 평가받는 브렛 빅터Bret Victor는 창조적 도구에 대해 많은 고민을 했다. 그는 2012년, '원칙에 따라 발명하기Inventing on Principle'라는 매우 인상적인 연설에서 자신의 작업 원칙을 설명했다. 바로 '크리에이터는 자신의 창작물과 즉각적인 커넥션을 가져야 한다'는 것이다.

무언가를 새롭게 만들거나 변화를 줄 때 혹은 어떤 결정을 내릴 때는 그 행동의 영향을 즉시 파악해야 한다. 결과를 확인하지 않고 미루거나 모르는 채로 두어선 안 된다. 창조적 과정에서는 생각과 결과 사이에 즉각적인 '커넥션'이 있어야 한다. 프로토타이핑과 같은 창조적 도구를 활용하면 바로 이런 커넥션을 원활하게 할 수 있고, 아이디어의 크기를 키울 수 있다. 프로토타이핑이 혁신의 핵심인 이유는 바로 이 때문이다.

5단계: 테스트하기

팀의 제품 구상 과정에 깊이 관여할수록 좋은 제품을 디자인할 가능성이 커지지만, 객관성이 충분히 확보되지 않고 거리를 두는 것이 어렵다는 단점이 있다. 사용자 테스트는 바로 이런 문제를 해결해준다. 사용자 테스트를 진행하면 빠르게 피드백을 얻을 수 있고, 목표와 가까워졌는지 혹은 멀어졌는지도 파악할 수 있다. 사용자 테스트를 프로젝트 마무리 단계에서 한 번쯤 진행하는 검사라고 생각해서는 안 된다. 이는 분명 프로젝트와 함께 진행되어야 할 배움의 과정이다.

사용자 테스트 평가 항목

- 유용성 인식(사용자는 애플리케이션의 용도를 이해하고 있는가?)
- 사용성(사용자는 결과적으로 애플리케이션을 사용할 것인가?)
- 사용자 경험 전반

사용자 테스트는 다음과 같이 3단계로 진행된다.

1단계: 준비

준비 단계에서는 테스트를 기획한다. 우선 목표를 설정하고, 테스트를 통해 해답을 찾고자 하는 문제를 발견하는 것에서부터 시작한다. '공감하기' 단계에서 설정한 페르소나를 활용해 사용자 패널을 정한다. 그다음으로 테스트 시나리오(제품 테스트를 위해 작성하는 문서로, 주로 디자인이나 개발 단계에서 작성)를 작성하고 설문지를 준비하며, 테스트에 필요한 모든 준비물을 체크한다.

2단계: 진행

일반적으로 사용자 테스트는 하루 또는 이틀 동안 집중적으로 진행된다(참가자 수는 하루에 5인을 넘지 않도록 한다). 테스트 참가자가 도착하면 테스트 진행 과정과 참가자가 수행해야 할 미션을 정확하게 설명한다. 참가자가 프로토타입을 사용해 미션을 수행하는 동안, 관찰자는 참가자의 반응을 관찰하고 메모한다. 미션이 끝나면 참가자는 설문지를 작성한다. 설문지 작성이 끝난 뒤에는 자신의 응답 내용이나 테스트 시나리오와 관련하여 관찰자와 대화를 나누는 경우도 있다. 각 참가자는 모두 동일한 절차를 밟아야 한다.

3단계: 분석

분석 단계에서는 관찰 결과를 긍정적인 점과 부정적인 점으로 나누어 빠짐없이 정리한다. 각 테스트 결과를 비교·대조하여 자주 등장하는 요소들을 확인하고 등급화한다. 사진, 인터뷰 전문(사용자가 말한 중요한 문장), 새롭게 깨닫게 된 사실(인사이트) 등을 활용해 분석 내용을 재구성한 자료를 만든다. 이 모든 과정이 끝나면 팀원들과 테스트 결과를 공유하여 테스트에서 발견된 문제에 대한 솔루션을 함께 고민한다.

게릴라 테스트

프로젝트가 시작되면 간단하고 빠른 게릴라 테스트$^{guerilla\ test}$를 실행한다. 사람들의 출입이 잦지만 너무 붐비지 않는 곳(회사 구내식당, 스타벅스, 역 대합실 등)이 테스트 장소로 적합하다. 적합한 대상을 발견하면 커피 한 잔을 건네며 잠시 시간을 내달라고 요청한다. 그 사람이 제안을 받아들이면 프로토타입을 조작하게 하고, 조작 시에 느낀 점과 의문점을 말해달라고 요청한다. 다른 4명의 대상에게도 똑같은 방식으로 테스트를 진행한다. 이러한 방식을 통해 프로토타입의 가치 제안$^{value\ proposition}$이 명료한지, 직관적인 사용이 가능한지 평가해볼 수 있다.

프로토타입이 완성형에 가까워지면 또 다른 테스트를 통해 지속적으로 개선해나간다.

사용자 5명이
문제의 85%를 발견한다!

2000년대 초반, 웹 사용성 컨설턴트 제이콥 닐슨Jackob Nielsen은 '5명의 사용자만을 대상으로 테스트를 진행해도 충분한 이유Why You Only Need to Test with 5 Users'라는 제목의 글을 통해 사용성 문제의 80%를 파악하는 데 사용자 5명만 있으면 충분하다는 것을 증명해 보이며 업계에 변혁의 바람을 일으켰다. 그의 주장에 따르면, 다수를 대상으로 일회성 테스트를 진행하는 것보다 소수를 대상으로 테스트를 자주 진행하는 것이 더 효과적이다.

요점 정리

☑ 디자인 씽킹은 사용자와 사용자가 느낀 점에 중점을 두고 새로운 제품을 구상하는 디자인 기법이다.

☑ 디자인 씽킹은 사용자 중심적이며, 협업을 장려하고, 반복성^{iteration}을 갖는다.

☑ 디자인 씽킹은 '공감하기', '규정하기', '아이디어 도출하기', '프로토타이핑', '테스트하기' 순의 5단계 프로세스로 진행된다.

☑ 디자인 씽킹은 참여형 워크숍을 통해 창의력과 공동 작업을 장려한다.

☑ 디자인 씽킹에서는 실수가 성공을 이끄는 하나의 과정이라는 사실을 인정한다. 사용자 테스트는 부담이 큰 개발 프로젝트를 진행할 때 초기 단계에서 디자인 오류를 빠르게 파악하도록 하고, 최소한의 비용으로 오류를 개선할 수 있게 한다.

다음으로 넘어가 볼까?

2장
불확실성에 민첩하게 대처하라

애자일의 유래를 찾아서

'애자일 프로세스'는 소프트웨어 개발 프로젝트에 최적화된 조직 시스템을 가리킨다. 전통적인 소프트웨어 개발 기법인 폭포수 모델waterfall model(소프트웨어 개발은 개념 정립부터 구현까지 단계적으로 정의한 하향식 개발 생명주기 모델)이나 V모델(폭포수 모델의 변형으로, 테스트 단계를 추가 확장해 테스트 단계가 분석 및 디자인과 어떻게 관련되어 있는지를 나타냄)과 전혀 다른 속성을 가지고 있다. 애자일 방법론 중 가장 잘 알려진 모델은 '스크럼scrum(본래 럭비 용어로, 여럿이 팔을 바짝 끼고 횡대를 이루어 상대편과 밀치락달치락하는 모양을 가리킴)'으로, 개발자 제프 서덜랜드Jeff Sutherland와 켄 슈와버Ken Schwaber가 1995년에 발표한 '애자일 선언문Agile Manifesto'에서 정립한 개념이다.

애자일 프로세스는 인간중심적 사고와 프로젝트의 결과를 중시하며 불확실성을 염두에 둔다. 소프트웨어 개발 업계는 늘 예기치 못한 상황에 영향을 받곤 했는데, 애자일 프로세스를 적용해 변동으로 인한 충격을 완화할 수 있게 되었다. 실제로, 처음부터 제품의 모든 기능을 세밀하게 설계하면 오히려 역효과가 날 수도 있다. 예상치 못한 상황이나 실제 사용 상황을 고려하지 않았기 때문이다. 기존 조직 시스템에서는 프로젝트를 시작하고 몇 개월(심지어 몇 년)이 지난 후에야 제품이 출고되었는데, 정작 그때가 되면 제품이 사용자의 실질적인 욕구를 충족시키지 못하는 경우가 허다했다.

보다 구체적으로 설명하면, 애자일 프로세스는 한정적 기능만 탑재한 첫 번째 버전을 최대한 빠르게 만들어 사용자의 평가를 반영하고, 그 후 개발을 진행하면서 사용자의 실질적 욕구에 맞춰 제품을 수정해나가는 방법이다.

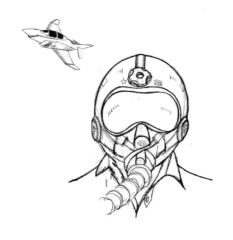

제프 서덜랜드. 미국 공군 전투기 조종사였으며 켄 슈와버와 함께 애자일 선언문을 작성하고 비영리 조직 '스크럼 얼라이언스Scrum Alliance'를 설립했다.

'스크럼은 프로세스의 경험적 관리, 즉 경험주의에 기초한 이론이다. 경험주의는 경험을 통해 배울 수 있다고 믿는 것이며, 익히 알려진 사실을 토대로 의사결정을 하는 과정에서 깨달음을 얻는다고 믿는 것이다. 스크럼은 반복적이고 점진적인 접근법으로, 예측성을 확보하고 리스크를 통제하는 데 유용하다.'

— '스크럼 가이드The Scrum Guide' 중에서

애자일 조직의 지향점

애자일 조직이 지향하는 가치는 단순명료하다.

프로세스나 도구보다 각 개인과
개인 간의 상호 교류를 중시함

포괄적 문서보다 실제 작동하는
소프트웨어를 신뢰함

계약 협상보다 고객과의 협업을 중시함

계획을 따르기보다 변화에 적응함

위와 같은 네 가지 가치를 실현하는 애자일 조직은 '사람'에 집중하며 더욱 즐겁게 작업을 수행할 수 있다.

'민첩함' 속의 '반복'

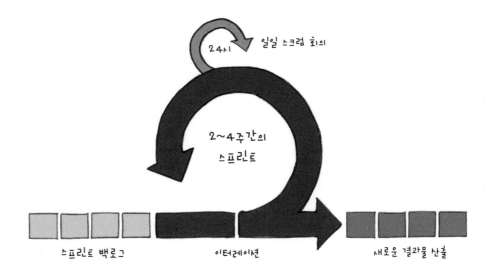

애자일 프로세스는 여러 개의 스프린트로 구성되므로, 태생적으로 반복성을 가진다. 스프린트는 하나의 개발 주기로, 프로젝트의 특성에 따라 2~4주간 진행된다. 팀은 스프린트 업무 범위 내에서 최대한 집중해 어떤 일이 있어도 맡은 과제를 수행한다. 스프린트 중에는 스프린트 백로그Sprint Backlog(요구 사항 목록을 말함)를 수정할 수 없다. 하나의 스프린트가 끝나면 새로운 기능이 추가된 결과물이 도출될 것이고, 새롭게 시작되는 주에는 새로운 스프린트(주기)가 시작될 것이다.

애자일 프로세스

애자일 프로세스는 다음과 같이 간단한 과정을 거친다.

1. 스프린트: 최소 이터레이션 주기

2. 스프린트 계획 회의^{sprint planning}: 스프린트 시작점에서 계획을 세우는 회의. 개발팀은 스프린트를 통해 어떤 결과를 도출할 것인지 목표를 세운다.

3. 일일 스크럼 회의^{Daily Scrum Meeting, DSM}: 매일 같은 시간, 같은 장소에서 열리는 회의. 팀원들은 각자 전날에 했던 일을 이야기하고 오늘의 할 일을 발표한다. 팀원 간 상호작용을 통해 동기화를 하는 과정이다. 회의가 지체되면 안 되므로 모든 참석자는 일어서서 참여한다.

4. 데모^{demo}: 스프린트가 끝나면 개발팀은 제품 책임자^{Product Owner, PO}에게 프로토타입을 제출하고, 제품 책임자는 프로토타입이 본래의 기대를 충족하는지 확인한다.

5. 회고^{retrospective}: 데모가 끝나면 스프린트를 회고하며 수행이 잘된 부분과 다음 스프린트에서 개선할 수 있는 부분을 정리한다.

위와 같은 과정을 통해 팀원 간 의견과 정보가 원활하게 공유될 수 있다.

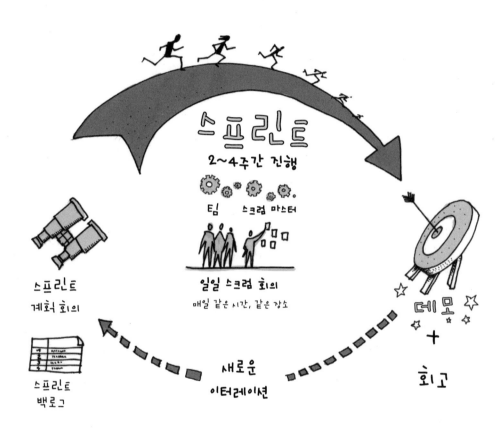

사용자 스토리

사용자 스토리 14번

때때로 여행을 떠나는 사람으로서, 기차표를 예약할 때 시간 절약을 위해 초성만 입력해도 역명 목록이 나오고 그중에서 역을 고를 수 있었으면 한다.

사용자 스토리 19번

여행을 자주 떠나는 사람으로서, 경비 명세서 작성에 필요한 지난 여행 기록을 재열람하기 위해 계정을 만들 수 있었으면 한다.

사용자 스토리는 간단한 문장으로 이야기하듯 제품 기능을 설명하는 것이다. 간단한 단어로 '사용자'와 '목표'를 포함해 서술하는 것이 핵심이다. 사용자 스토리는 사용자 가치를 창출하고 다양한 솔루션을 탐색하는 데 효과적 이다. 사용자 스토리의 길이는 짧고 스프린트 단위에서 구현 가능해야 한다(스토리가 길다면 더 작은 단위인 '에픽epic'으로 쪼갠다). 또한 사용자 스토리를 통해 제품의 기능으로 특정 서비스를 수행할 수 있는지 쉽게 테스트할 수 있어야 한다.

백로그

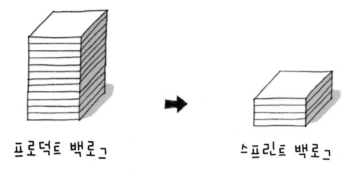

프로덕트 백로그   스프린트 백로그

백로그는 기능을 우선순위에 따라 나열해놓은 목록으로, 다음과 같이 두 가지 종류가 있다.

- **프로덕트 백로그**product backlog: 제품에 포함될 모든 기능의 목록
- **스프린트 백로그**: 스프린트의 결과물로서 개발될 기능의 목록. 팀은 스프린트의 결과를 평가할 수 있는 객관적인 평가 수단을 정한다. 예를 들어, '데모' 과정에서 테스트 시나리오가 사용될 수 있다.

스토리 매핑

　　백로그는 '평면적인' 나열이므로 프로젝트 전반을 파악하는 데 한계가 있다.
이에 2008년, 제프 패튼Jeff Patton이 새로운 접근법인 '스토리 맵story map'을 발표했다.
스토리 맵은 제품과 상호작용을 하는 사용자의 이야기를 담아낸 것으로, 스토리
매핑story mapping을 통해 프로젝트를 전체적으로 파악할 수 있고, 제품의 사용자와
사용성을 함께 이해할 수 있다.

스토리 맵은 어떻게 만들까

　　스토리 매핑 회의가 열리면, 1부에서는 사용자 스토리의 주요 과정을 포스트
잇에 적어 시간의 가로축을 따라 배치한다.

예를 들어, 기차표를 예매할 때는 다음과 같은 단계를 거친다.

검색하기	검색 결과 목록 조회	기차 선택	예약 실행	가격 지불

스토리 매핑 회의 2부에서는 각 과정의 세부 항목을 포스트잇에 적어 세로축을 따라 배치한다. 각 단계에서 사용자에게 필요한 기능과 유용한 기능을 적는다.

예를 들어, 위 예시의 '검색 결과 목록 조회' 단계에서는 다음과 같은 세부 항목을 생각해볼 수 있다.

· 출발 시간
· 도착 시간
· 여정 소요 시간
· 선택 가능 사항
· 가격에 따른 결과 분류
· 소요 시간에 따른 결과 분류
· 잔여석 수
· 가성비가 가장 좋은 상품
· 기타

그다음으로 세부 항목들을 우선순위에 따라 배열한다(가장 우선적으로 고려할 항목을 맨 위에 배치). 이렇게 하는 이유는 프로젝트를 기본적인 개발 단위로 나누어 세부적으로 접근하기 위해서다. 스토리 맵은 그래프 형태로 표현되고, 서사적이며, 무엇보다 눈에 띄는 크기이기 때문에(포스트잇으로 뒤덮인 벽을 생각해보라) 보기에도, 이해하기에도 쉽다는 장점이 있다. 스토리 맵은 제품의 최종 목표를 고려해 개발 과제를 적재적소에 배치하기 때문에 실제로 더 나은 사용자 경험을 이끌어내는 경우가 많다.

칸반 보드

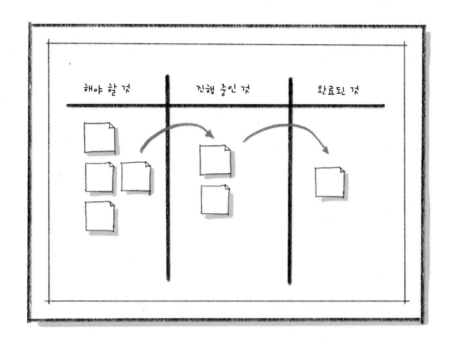

'간판'을 뜻하는 일본어 '칸반Kanban'은 넓은 의미로는 비주얼 경영visual management(프로세스를 시각화하여 팀원들이 즉각적으로 대응할 수 있도록 하는 경영 방식)의 한 기법이며, 1950년대에 토요타Toyota의 생산 시스템에 적용되었던 방식이다. 오늘날 칸반 보드는 애자일 조직 내에서 개발팀의 생산 시스템을 시각화하여 관리하기 위해 사용된다. 스프린트 시작 단계에서 스프린트 구현 목록은 '해야 할 것' 칸에 배치한다. 팀원들은 매일 '해야 할 것'에 있는 포스트잇을 떼어 '진행 중인 것' 칸으로 옮긴다. 그리고 작업이 끝나면 이를 '완료된 것' 칸으로 옮긴다. 이렇게 하는 이유는 조직의 각 업무를 최대한 시각화하여 조직 내 정보 공유가 원활하게 이루어지도록 하기 위해서다. 칸반 보드를 활용하면 프로세스 진행 상황을 시각적으로 파악할 수 있고, 각 작업자의 자율성도 확보할 수 있다.

애자일 조직 속 UX

애자일 프로세스는 그 효과가 입증되어 오늘날 다양한 업계에 도입되고 있다. 그러나 기존의 작업 지시서가 없어 사용자의 요구를 잘못 해석할 수 있다는 리스크도 있다. 그동안의 애자일 조직은 경험과 예산이 부족해 사용자 스토리에서 곧장 결과물을 산출해내는 경우가 많았다. 그러다 보니 사용자는 인터페이스 '기성품'을 사용할 수밖에 없었고, 안타깝게도 이 기성품은 사용자의 요구에 부합하지 않는 경우가 많았다.

변화에 적응하는 능력이 애자일 조직의 본질이라 해도, 개발이 반복되면 비용이 많이 들고, 심지어 그 결과는 불확실하다. 또한 까다롭고 오랜 시간이 걸리는 기획 과정을 거치는 것보다 인터페이스를 개발하기 전에 우선 프로토타입을 만들어 프로세스 각 과정마다 테스트를 진행하는 방식이 더 효율적이다. 이 때문에 애자일 조직은 점차 UX 디자이너를 영입하고 디자인 씽킹을 도입하게 되었다.

애자일 조직 속 UX 디자이너

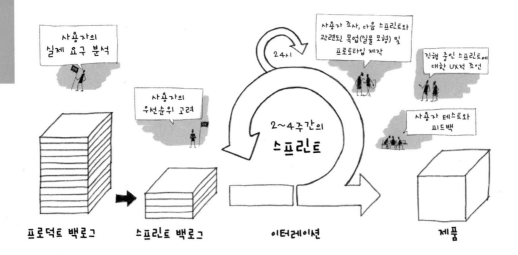

UX 디자이너는 애자일 프로세스의 각 단계에 중요한 가치를 부여한다. 언제
나 1~2개의 스프린트를 앞서나가며 가장 먼저 사용자 조사를 진행해 사용자의 요
구를 파악하고, 우선순위를 정립한다. 그리고 별도의 개발 시간을 들이지 않고 이
터레이션이 가능하도록 자신만의 UX 프로토타이핑 툴을 제작한다. 본격적인 개
발 단계로 넘어가기 전에 최종 사용자가 UX 디자이너의 프로토타입을 테스트할
수 있다면 가장 이상적이다.

UX 디자이너는 언제나 1~2개의 스프린트를 앞서나가야 한다.

개발 프로세스의 안정성이 미흡한 경우 제품의 견고함, 성능, 안전성 등의 요소를 확보하기 어렵다. 그러나 UX 디자이너가 스프린트를 앞서나가며 대비할 경우, 개발자는 개발 품질에만 집중할 수 있게 된다. 이렇듯 UX 디자이너는 유효성이 검증되고 테스트를 마친 프로토타입과 목업make-up을 제공함으로써 애자일 조직 내의 안정성을 담당한다.

UX 디자이너가 애자일 조직 내 창의적인 업무를 독점하는 것은 아니다. 오히려 팀의 전반적인 창의력을 증진시키는 역할을 한다. UX 디자이너는 기술적 제약과 사업 목표, 사용자 목표를 고려한 최상의 사용자 경험을 디자인하고 생산하기 위해 참여형 작업 방식과 워크숍을 활용해 알맞은 주체가 알맞은 때에 프로젝트에 투입되도록 감독한다.

사용자 중심의 애자일 조직

> **"피자 두 판으로 한 끼 식사를 해결할 수 없는 조직은 너무나 큰 조직이다."**
>
> — 제프 베조스

아마존^{Amazon}의 CEO 제프 베조스^{Jeff Bezos}는 대형 프로젝트에 민첩하게 대응하기 위해 '피자 두 판의 법칙'을 제시하며 "피자 두 판으로 한 끼 식사를 해결할 수 없는 조직은 너무나 큰 조직이다"라고 이야기했다. 원활한 커뮤니케이션과 공동체 정신의 함양을 위해 팀원 수는 8명 정도가 가장 적당하다.

- **제품 책임자**: 제품 비전을 담당하는 책임자. 각 팀의 모든 직무를 이해하고 '결정하는' 사람이다. 제품 책임자는 스프린트 중에 새로운 요구 사항을 팀에 부과하지 않도록 한다. 프로젝트팀과 주기적으로 교류하고 제품이 시장의 요구에 부합되도록 모든 노력을 기울인다.

- **스크럼 마스터**: 스크럼의 책임자. 스크럼 조직은 아무리 최소한이라도 일방적인 관리는 지양한다. 모든 사람이 자신의 업무에 책임을 져야 한다. 스크럼 마스터는 팀원들 사이를 오가며 조력자 역할을 하는 동시에 다양한 스크럼 활동을 기획한다.

- **3~5명의 개발자**: 리드 개발자 1인을 포함한다. 각자의 전문 분야에 따라 주어진 포지션(프런트엔드front-end, 백엔드back-end, 풀 스택full-stack, 모바일 개발 등)이 있다.

- **비즈니스 분석가**Business Analyst, BA: 전략 컨설턴트functional consultant라고도 불리며, 비즈니스 문제와 경영 규칙, 데이터 분석법 등을 모델링한다.

- **UX 디자이너**: UX 디자이너는 사용자와 인터페이스에 집중한다. 디자인 씽킹을 적용해 사용자 요구에 부합하는 인터페이스 사양(프로토타입 등)을 개발자에게 제공한다.

- **품질 보증**Quality Assurance, QA **담당자**: 제품이 생산되기 전이나 제품 책임자에게 전달되기 전에 제품 결함 여부를 확인한다.

제품 비전

UX 디자이너는 제품 책임자 그리고 프로젝트팀과 협업하여 사용자 관점에서 (화면, 인터페이스 또는 사용자 경험 전반에 대한) 제품 비전을 수립한다. 제품 비전은 명확해야 하며, 팀원들에게 공유되어야 한다. 또한 UX 디자이너는 미래, 현재, 과거에 대한 비전을 가지고 각 시기에 적합한 전문 지식을 제공함으로써 개발팀을 실용적으로 보조한다.

미래	현재	과거
개발 예정 단계에서의 비전. 1~2개의 스프린트를 앞서나가며 개발해야 할 인터페이스 또는 기능을 개발자에게 제공한다.	개발 진행 단계에서의 비전. 일반적인 개발 케이스를 해결할 때나 예상치 못한 난관이 닥쳤을 때 개발자를 보조한다.	개발 완료 단계에서의 비전. 개발 완료된(디자이너 자신이 몇 주 전에 디자인한) 인터페이스에 대한 사용자 테스트를 진행한다.

이처럼 UX 디자이너는 애자일 조직에 조화롭게 스며든다. 신속한 프로토타이핑 기법을 사용해 조직 전체에는 프로세스 각 단계마다 명확한 지침을 제공하고, 개발팀에는 사용자 수용성과 관련한 높은 신뢰감을 준다.

요점 정리

☑ 애자일 프로세스는 개발 과정의 변동 상황을 수용하며 더 나은 제품을 만들어낸다.

☑ 애자일 프로세스 중 가장 잘 알려진 모델은 '스크럼'이다. 스크럼은 스프린트 개발 주기를 바탕으로 하는 반복적이며 증진적인 접근법이다.

☑ 스프린트는 프로젝트의 특성에 따라 2~4주간 진행되며, 스프린트의 한정적 목표에 대한 결과물을 데모(시연)하며 종료된다.

☑ 애자일 프로세스는 디자인 씽킹과 마찬가지로 시각적 접근법(칸반 보드, 스토리 매핑)을 활용해 모든 팀원이 필요할 때마다 정보에 접근할 수 있도록 한다.

☑ 애자일 조직(스쿼드)은 일반적으로 UX 디자이너를 포함해 다분야의 전문가 8명으로 구성된다.

☑ UX 디자이너는 개발 프로세스상에서 다른 팀원들보다 항상 앞서나가야 하며, 사용자의 요구에 부합하는 결과물 산출을 책임진다.

스타트업은 시장 접근성을 높이기 위해 모든 낭비를
제거함으로써 그들의 생산 시스템을 최적화한다.

3장
'타임 투 마켓'을 단축하라

*타임 투 마켓^{Time to Market}: 제품이 시장에 출시되기까지의 시간

린 스타트업의 유래를 찾아서

2008년, 미국의 기업가 에릭 리스^{Eric Ries}는 자신의 저서《린 스타트업^{Lean Startup}》을 통해 혁신을 위한 새로운 접근법을 제시했다. 리스는 스타트업들의 실패 요인을 분석하고, 아이디어 구성에서 제품 출시까지의 시간을 줄일 수 있다면 엄청난 낭비를 막을 수 있을 것이라는 가설을 세웠다.

리스는 린 유통 방식에 영감을 받았는데, 이는 일본의 자동차 회사 토요타가 모든 낭비 과정을 없애고 자사 생산 라인을 지속적으로 개선해나가고자 개발한 것이었다('Lean'은 '군살 없는'이란 뜻이다). 그는 스타트업이 성공 가능성을 높이기 위해서는 매우 빠르게 최소 기능 제품^{Minimum Viable Product, MVP}을 개발해야 한다고 조언했다.

리스의 설명에 따르면, 회사를 무작정 설립하는 것이 답은 아니다. 사실, 회사가 있는 이유는 고객이 있기 때문이다. 그렇기에 가장 먼저 고객을 발굴한 후에 회사 제품이 고객의 기대에 부응하는지 빠르게 검증을 받는 것이 중요하다. 리스는 다음과 같은 순서를 권장했다.

고객 발굴 → 고객 검증 → 고객 창출 → 회사 설립

최대의 고객 가치를 끌어내는 최소 기능 제품

에릭 리스에 따르면, 최소 기능 제품, 즉 MVP는 '최소한의 노력으로 얼리어답터early adopter 소비자들로부터 유효한 정보를 최대한 많이 수집할 수 있게 해주는 제품 버전'을 가리킨다. 결함이 없는 완벽한 제품, 모든 기능이 구현된 제품을 만드는 것이 아니라 고객 가치를 창출해낼 수 있는 최소한의 제품을 만드는 것이다. MVP는 기업의 학습 과정에 꼭 필요한 요소로, 제품 기획자가 시장 상황을 재빠르게 파악할 수 있도록 돕는다.

전통적 접근법

소비자가 제품을 만나기까지 4번의 개발 주기를 거쳐야 한다.

린 접근법

첫 번째 개발 주기의 첫 제품 버전부터 소비자와 제품이 만난다.

—그림: 헨릭 크니버그 Henrik Kniberg

MVP는 개발 초기 단계에서부터 사용자 가치 창출을 고려하며 학습 기회를 얻는 수단이라 볼 수 있다.

'저스트 인 케이스'보다 '저스트 인 타임'

특히 IT 업계는 그동안 제품의 실제 효용성을 고려하지 않고 새로운 기능만 개발하기에 여념이 없었다. 이런 접근법을 '저스트 인 케이스Just-in-case', 즉 혹시 모를 상황에 대비하는 방식이라 부른다. 고객에게 유용할지도 모르는 기능을 일단 개발해두자는 것이다. 이런 방식은 각 기능을 더할 때마다 개발 비용이 들어갈 뿐 아니라, 인터페이스가 복잡해지거나 제품 사용이 어려워지는 등 사용자의 '인지적인 노력'이 요구된다는 문제점이 있다.

오늘날 업계의 최대 관심사는 비용과 복잡성을 줄이는 것이다. 따라서 이제는 접근법을 바꾸어 '저스트 인 타임Just-in-time', 즉 사용자의 요구가 파악되는 '정확한 때'에 기능을 개발해야 한다.

비즈니스 모델을 파악하기 위한 린 캔버스

문제	솔루션	독특한 가치 제안	경쟁우위	고객 세그먼트
	성과 지표		채널(경로)	

비용 구조	수익원

사업가이자 《린 스타트업Running Lean》의 저자 애시 모리아Ash Maurya는 새로운 제품 구상과 제품의 경제 모델은 불가분 관계라는 사실에 착안해 '린 캔버스lean canvas'를 개발했다. 린 캔버스는 기업 또는 제품의 경제 모델을 도식화해 한 페이지로 표현한 것이다. 이는 새로운 제품을 탄생시키기 위해 던질 수밖에 없는 근본적인 질문들에 단 몇 분 만에 답할 수 있게 해준다.

종합적이고 시각적인 린 접근법을 활용하면 팀 내에서 정보를 더욱 원활하게 교류할 수 있고, 시장 상황이 예상과 다를 경우 비전을 수정해나가며 대응할 수 있다. 예를 들어, MVP 초기 테스트를 통해 고객 가치가 존재하지 않거나 불충분하다는 결론이 날 경우, 피봇pivot을 실행할 수 있다. 여기서 피봇이란, 제품이나 제품의 경제 모델에 획기적인 변화를 주는 것을 말한다.

"아무도 원치 않는 것을
만들기에는 인생이 너무 짧다."

— 애시 모리아

아래에 나열된 스타트업을 모르는 사람은 거의 없을 것이다. 그런데 이들이 피봇에 성공하기 전에 원래 어떤 아이디어를 가지고 있었는지도 알고 있는가?

- 스타트업 역사상 가장 유명한 피봇 사례는 '**트위터**Twitter'일 것이다. 트위터는 원래 '오데오Odeo'란 기업이었으며 팟캐스트 플랫폼을 개발했다.
- '**핀터레스트**Pinterest'는 웹 이미지 모음에 특화된 SNS가 되기 전에 브랜드 제품 사진 모음 서비스를 통해 브랜드와 소비자를 연결해주는 이커머스 서비스 기업이었다.
- 현재 전 세계적으로 가장 많이 사용되는 OS(운영 체제)인 '**안드로이드**Android'는 본래 카메라 전용 OS였다.

투자자는 하나의 아이디어가 아닌, 하나의 팀에 투자한다. 출발할 때의 아이디어는 훗날 막대한 이익을 가져다줄 아이디어와 엄청나게 다르다는 사실을 잘 알고 있기 때문이다.

린 UX를 통해 전통적인 UX 변화시키기

2013년, 디자이너 제프 고델프^{Jeff Gothel}는 저서 《린 UX^{Lean UX}》를 출간하며 여러 스타트업으로부터 열광적인 반응을 얻었다. 고델프는 사용자 경험이 제품 혁신을 성공시키는 열쇠와 같다고 주장했다. 그는 애자일 접근법에 디자인 씽킹을 접목하는 방법을 연구했으며, 린 스타트업과 관련하여 에릭 리스의 계보를 이을 만한 업적을 남겼다.

고델프는 린 방법론을 UX 프로세스 자체에 적용하고자 했다. 즉, 모든 낭비적 프로세스를 없애고 사용자 가치 창출에 집중하는 것이다. 그러기 위해서는 한발 물러나 문제를 진단하고 새로운 관점으로 디자인 씽킹에 접근해야 한다. 고델프는 중요한 가치로 다음과 같이 세 가지를 꼽았다.

공감 능력

사용자와 문제
요소를 이해하는 것

창의력

문제 요소에 대한
솔루션을 생각하는 것

합리성

결과를 평가하고,
기대한 결과가 아니라면
버릴 줄 아는 것

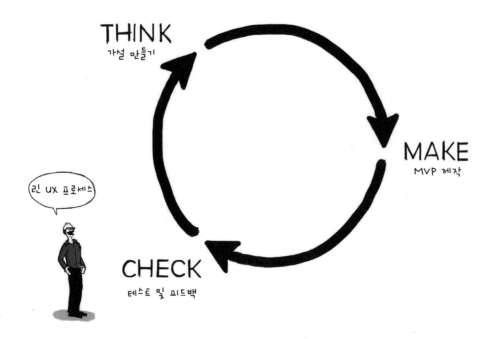

고델프는 린 UX의 이터레이션 주요 과정을 'Think', 'Make', 'Check'로 정의했다. 린 UX가 빠른 이터레이션과 전체적으로 신속한 프로세스를 추구한다는 것을 알 수 있다.

UX 아웃풋보다 사용자에 집중하기

우선, 아웃풋^{output}과 아웃컴^{outcome}을 구별할 줄 알아야 한다.

- **아웃풋:** 디자인 프로세스 전반에서 산출되는 결과물을 의미한다. 약간의 경험만 있다면 질 좋은 결과물을 쉽게 생산해낼 수 있다.
- **아웃컴:** '사용자가 애플리케이션을 점점 더 많이 사용하게 만들기'처럼, 이루고자 하는 결과를 의미한다. 아무리 경험이 많아도 아웃컴을 달성한다는 보장은 없다. 고델프는 프로젝트의 성공률을 높이기 위해 아웃풋을 만드는 시간을 줄이고, 실제 목표와 가까워지는 아웃컴을 실현하는 데 더 많은 시간을 투자하라고 말한다.

이전: 전통적인 UX	이후: 린 UX
프로젝트 초반에 사용자 조사를 실시한다 (주 단위 시간이 소요됨).	시간 단위의 사용자 조사를 규칙적으로 실시한다.
인터뷰하는 모습을 비디오로 녹화한다.	메모를 한다.
사용자 조사 관련 문서를 만든다(페르소나, 고객 여정 지도 등).	정보를 빠르게 종합한다.
팀에 결과를 알린다.	팀원들이 인터뷰에 참여하도록 한다(한 번에 한 사람씩).
와이어 프레임°을 만든다.	빠르게 스케치한다.
연구실에서 사용자 테스트를 진행한다.	구내식당에서 프로토타입을 시연한다.
문제 나열식의 테스트 보고서를 작성한다.	프로토타입 수정 후 사용자의 요구에 부합하는지 사용자에게 다시 한 번 확인한다.

° 와이어 프레임wire-frame: 실제로 디자인을 진행하기 전에 디자인 대상의 특징, 구성 등을 간략한 선으로 레이아웃하는 것

메모를 하거나 인터페이스를 스케치하는 등 이전보다 형식에 얽매이지 않게 되었다.

그렇다면 린 UX는 구체적으로 어떻게 실현될까?

현장 답사

　새로운 제품에 대한 사용자 수용성을 확보하기 위해서는 생산 장소에서 벗어나 사용자가 있는 현장으로 나가 사용자의 작업 방식과 문제 상황, 우회 전략이 무엇인지 파악해야 한다. 함께 시간을 보내며 사용자를 관찰하고, 사용자에게 구매 욕구를 자극하는 매력적인 제품을 제안할 수 있을 때까지 계속해서 제품을 발전시켜야 한다.

　이렇듯 유용성을 장담할 수 없는 새로운 기능들을 개발하는 것보다 에스노그래피적 접근법을 적극 활용하는 것이 더 중요하다. 사용자 피드백과 정보를 수집하는 현장 답사를 자주 진행하려면 답사 과정 또한 간략하고 신속해야 한다.

　구글^{Google}의 사용자 조사 담당자 토머 샤론^{Tomer Sharon}은 사용자 조사에 관한 여러 연구를 진행했다. 사용자 조사가 '린'해지려면 다음 조건을 충족해야 한다.

- **신속해야 한다.** 스타트업은 사용자 조사를 6개월이나 할 여유가 없다. 스타트업의 시간 단위는 한 주 또는 하루이기 때문이다. 따라서 최대한 빨리 현장에 나가 사용자를 만나고 관찰해야 한다.
- **품질이 좋아야 한다.** 사용자 조사를 통해 초기 가설을 세우므로 실수는 용납되지 않는다.
- **실행 가능해야 한다.** 사용자 조사는 실행 가능하며 고객 가치를 창출해낼 수 있어야 한다.

가설 검증하기

─────── 라는 목표를 가지고

─────── 을/를 한다면

─────── 의 결과를 만들어낼 것이라 믿는다.

그리고 ──────── 일 때 그것이 현실이 된다.

린 UX 프로세스는 확신의 표현으로 출발한다. 아직 증명되지는 않았지만 팀원 모두가 현실이 될 것이라고 믿는 내용을 명확하게 표현하는 것이다(예: "우리 제품을 위한 시장이 분명 있을 거야."). 그다음 순서는 작업가설working hypothesis(실험·관찰 등을 통해 검증을 받기 위한 가설)을 세워 팀원들에게 공유하고 모두의 동의를 얻는 것이다. 본격적으로 개발에 들어가기에 앞서 유효성 판단 기준을 반영해 제품을 고안하려면 작업가설을 세워보는 것이 좋다. 그다음으로 실험적 검증 단계experimental validation에 들어간다. 프로토타입(또는 MVP)을 만들어 가설을 공고히 할지, 수정할지 또는 목표와 근접하게 발전시킬지 등을 결정한다.

UX 매트릭으로 사용자 경험 측정하기

사용자 경험을 측정할 수 있을까? 구글은 이 질문에 대한 답으로, 사용자 경험을 다섯 가지 차원에서 분석한 'HEART 프레임워크'를 개발했다.

H	Happiness(행복)	만족과 주관적 감상	서술형	설문조사, 순수 고객 추천 지수[Net Promoter Score, NPS] 등
E	Engagement(참여)	참여 수준과 참여 정도	애널리틱스	주간 방문 횟수, 공유 횟수
A	Adoption(사용)	신규 고객 확보	애널리틱스	신규 가입자 수, 전환율
R	Retention(유지)	시간이 흘러도 계속 제품을 사용	애널리틱스	단골 고객, 반복 구매
T	Task succes (과업 성공)	인터페이스의 유효성과 효율성	사용자 테스트	과업 성공, 오류율 등

위 지표를 모두 사용해 측정하기보다는 프로젝트의 성격과 맥락, 목표에 따라 적절하게 취사선택한다. 2~3개 정도를 활용해 알맞은 목표를 수립하고 프로젝트 진행 상황을 파악해보도록 하자.

Harder, Better, Faster, Stronger!

더욱 빨리 가기 위한 혁신적인 방법,
디자인 스프린트에 대해 알아보자.

4장
더욱 빠르게 스프린트하라

구글의 디자인 스프린트

디자인 스프린트는 구글 벤처스^{Google Ventures, GV}(구글의 지주 회사 알파벳^{Alphabet} 산하의 기업으로, 스타트업을 발굴하고 육성하는 벤처 캐피털)의 수석 디자이너 제이크 냅^{Jake Knapp}과 디자인 파트너 존 제라츠키^{John Zeratsky}가 개발한 접근법이다. 이 방식은 큰 호응을 얻었고, 수백 개 프로젝트에 활용되면서 구글의 제품은 물론, 구글의 투자를 받는 스타트업들의 제품을 개선시켰다.

디자인 스프린트는 디자인 씽킹, 린 프로세스, 비즈니스 전략과 기본 원리는 같지만, 실리콘밸리 스타트업들의 작업 리듬에 맞춘, 보다 실용적인 프로세스라 할 수 있다. 그도 그럴 것이, 5일 만에 프로세스가 완료되는 방식이기 때문이다.

디자인 스프린트는 제품 제작과 출시 단계를 거치지 않고 아이디어 구상에서 곧장 사용자 피드백 단계로 넘어가기 때문에 학습 과정을 단축시켜준다. 이에 대해서는 냅과 제라츠키의 베스트셀러 《스프린트: 세상에서 가장 혁신적인 기업 구글벤처스의 기획 실행 프로세스^{Sprint: How To Solve Big Problems and Test New Ideas in Just Five Days}》에 자세히 설명되어 있다.

> ## "스프린트가 적용되지
> ## 않는 문제란 없다."
>
> — 제이크 냅

디자인 스프린트란 무엇인가

디자인 스프린트는 제품 구상, 문제 해결, 프로젝트의 진전을 도울 뿐 아니라 현재의 시스템이 유효하지 않을 경우 개선될 수 있도록 하는 프로세스다. 아주 짧은 시간 내에 유의미한 답을 도출하고자 할 때 효과적인 방식이다.

디자인 스프린트의 힘은 공동의 목표를 위해 에너지를 집중하는 데서 나온다. 스프린트는 아이디어와 다양한 관점(기술, 마케팅, 디자인, 비즈니스적 측면)이 활발히 교류될 수 있도록 해준다. 스프린트를 수행하면 창의력과 집단 지성이 증진된다. 또한 스프린트 마지막에 사용자 테스트가 진행된다는 사실을 알고 있기 때문에 결정을 내리기가 용이하고, 보다 실용적인 사고를 할 수 있다.

디자인 스프린트 준비하기

디자인 스프린트에 성공하려면 우선 명확한 목표와 크고 야심찬 도전 과제를 정해야 한다. 그런 다음 그 과제를 수행할 수 있는 완벽한 팀을 꾸려야 한다. 한 팀의 구성원은 최대 7명 정도가 적당하다.

다만, 간과해서는 안 될 한 가지 조건이 있다. 모든 참여자는 프로젝트에 5일간 풀타임으로 임해야 한다. 물론 쉽지 않은 일이지만 디자인 스프린트가 성공하기 위해 꼭 필요한 조건이다.

훌륭한 스프린트팀을 꾸리기 위해서는 다음의 인물들이 필요하다.

- **스프린트 마스터 1명:** 스프린트를 계획하고 워크숍을 주최하며 팀의 업무 리듬과 매일의 목표를 관리한다.
- **직무 전문가:** 해당 직무와 운영 문제, 사업 목표에 대한 전문 지식을 제공한다.
- **기술 전문가:** 엔지니어, 건축가, 개발자 등으로, 실현 가능성이나 제약 사항, 비용과 관련된 전문 기술을 제공한다.
- **디자이너:** UX 디자이너, UI 디자이너 등으로, UX 디자인의 품질을 책임진다.
- **결정권자 1명:** 다양한 선택지 사이에서 결단력 있는 선택을 할 줄 알아야 하며, 팀의 과업 수행이 막히지 않도록 다양한 결정을 내릴 수 있어야 한다.

타임박싱

타임박싱time boxing은 시간에 제한을 두는 것을 말한다. 사실 여러 명이 5일간 풀타임으로 함께 일을 한다는 것은 파격적인 생각이기 때문에 시간을 할애하는 대가로 특별한 경험을 제공해야 한다. 창의적이고 즐거운 경험이어야 함은 물론이고, 제한된 시간 동안 최대의 부가가치를 만들어내는 알찬 경험이 되어야 한다.

문제 파악에서부터 사용자 테스트까지, 디자인 씽킹 프로세스를 진행하기에 5일이란 시간은 짧을 것이다. 그러나 긴장감 없이 시간을 보낸다면 오히려 그 시간이 불필요하게 길다고 느껴질 수도 있다.

토론에 진전이 없거나 의구심만 쌓이는 상황이 생기지 않게 하려면 팀 토론 시간과 개인적 생산 시간을 번갈아 배치하며 긴장감 있는 리듬을 유지해야 한다. 디자인 스프린트는 이렇듯 매우 정확한 타이밍과 매 단계의 결과물 그리고 수많은 워크숍이 필요한 프로세스다.

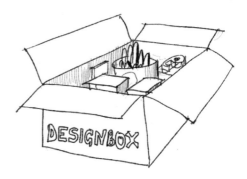

워 룸

디자인 스프린트를 성공시키는 핵심 요소 중 하나는 오로지 디자인 스프린트를 위해 마련된 '워 룸war room'을 적극 이용하는 것이다. 제이크 냅에 따르면 워 룸은 창의적이고 협동적인 프로세스를 장려하는 공간으로, 다음과 같은 특징을 갖는다.

- **팀원들의 단기 기억보다 공간 기억 선호**. 예를 들어 포스트잇에 아이디어를 적어 오른쪽 벽에 붙여두면 아이디어를 다시 찾아보기 좋다.
- **정신적 움직임보다 신체적 움직임 선호**. 예를 들어 아이디어 목록을 만들거나 전체적인 정리가 필요할 때는 포스트잇을 사용하는 것이 머리를 쓰는 것보다 간편하다.
- **의견 공유와 공동의 비전 선호**. 함께 내린 결정을 즉각 게시해 공유하면 제자리를 맴도는 끝없는 토론을 하느라 시간을 낭비할 필요가 없다.

실제로 구조와 공간은 창의력에 큰 영향을 미친다. 워 룸은 자연광이 들어오고 쾌적해야 한다(팀 전체가 5일 동안 함께 지내야 할 곳이기 때문에!). 벽면에 게시물과 그림 자료 등을 붙일 수 있도록 최대한의 공간이 확보되어야 하며, 필요하다면 스탠드형 또는 이동식 보드를 활용해 자료를 게시한다. 사무실 집기는 스프린트 과정 중에 여기저기로 옮길 수 있도록 바퀴가 달린 것이 좋다. 큰 테이블 하나 또는 사무용 책상 여러 개, 소파, 쌓아 올릴 수 있는 의자를 준비한다.

개인 인터뷰나 테스트를 진행할 때 잠깐씩 사용할 수 있는 좀 더 작은 제2의 워 룸을 준비하면 더욱 좋다. 창의적인 아이디어를 표현해줄 각종 도구(마커 펜, 포스트잇, 지우개, 스티커, 프로젝터, 디자인 템플릿 등)도 빼놓을 수 없다.

디자인 스프린트 주간

디자인 스프린트는 미리 짜인 계획을 따르며, 하루의 목표가 명확하게 정해져 있다.

월요일: 프로젝트 이해

해결해야 할 문제를 파악하고, 특히 사용자에 관해 알아보는 날이다. 사용자가 일상에서 겪는 문제, 사업 목표, 기술적 제약을 비롯해 프로세스를 시작하기 전에 알아야 할 모든 것을 이해한다. 전문가를 불러 종합적인 브리핑을 듣고 질의응답 시간을 가질 수 있다면 가장 이상적이다. 문제를 도식화하는 것도 좋다.

화요일: 확산

첫날에 규정한 문제와 관련하여 최대한 많은 아이디어를 내기 위해 브레인스토밍 시간과 아이디어 스케치 시간이 계속 이어진다.

수요일: 수렴

가능성의 영역을 확장한 다음 날에는(잠을 충분히 자고 난 후) 전날의 결과물을 참고하여 팀 전원이 의견을 수렴해 하나의 솔루션을 도출한다. 이 솔루션은 차차 보강되고, 스토리보드상의 시나리오에 따라 실현될 것이다.

목요일: 프로토타이핑

목요일은 프로토타입을 만들어야 하므로 일정이 빠듯하다. 그래픽 목업, 인터랙티브 프로토타입 등 솔루션을 구현할 수 있는 모든 형태의 프로토타입을 만들어볼 수 있다.

금요일: 테스트

사용자가 프로토타입을 테스트하게 하고, 최대한 많은 피드백을 받는 날이다. 피드백을 토대로 솔루션을 유효화 또는 무효화하고, 나아가 발전시킬 수 있다.

스프린트에 성공하려면 팀은 프로젝트에 100% 집중해야 한다. 따라서 스프린트를 시작하기 전에 규칙을 정할 필요가 있다. 예를 들어 '이메일, 스마트폰, 노트북 없는 시간대'를 정해 스프린트 시간을 온전히 보내도록 하는 것이다. 일하는 시간뿐 아니라 쉬는 시간을 고지하는 것도 좋은 방법이다. 하루에 2~3회 개인 이메일을 확인하거나 전화를 받을 수 있는 시간을 정하는 것이다. 모두가 동의하면서 책임감도 가질 수 있는 스케줄을 만들어놓으면 효율성이 높아진다.

요점 정리

☑ 구글이 개발한 디자인 스프린트는 디자인 씽킹 프로세스를 5일로 압축시킨 프로세스로, 큰 호응을 얻고 있다.

☑ 다양한 전문가로 구성된 한 팀이 한 방(워 룸)에서 명확하게 규정된 문제의 솔루션을 함께 찾아나가는 방식이다.

☑ 이와 같은 방식을 활용하면 프로젝트 초반에 추진력을 얻기 좋고, 팀 공동의 비전을 만들기 용이하다.

☑운영상 제약이나 고객 상황에 맞춰 프로젝트 기간이나 워크숍 내용을 변경하는 등 디자인 스프린트 프로세스를 수정해야 하는 일도 빈번하다.

☑ 특히 대형 프로젝트를 진행할 때 중요한 순간에 디자인 스프린트를 적용하면 큰 진전을 기대할 수 있다.

☑ UX 디자인 프로젝트는 디자인 스프린트처럼 짧은 프로세스와 '한발 물러나기'와 '예측하기'처럼 상대적으로 긴 프로세스를 번갈아 실행하게 된다. 제품의 개발 주기 내에서 짧고 긴 프로세스를 번갈아 진행하되 '좋은 제품을 디자인한다'라는 가장 중요한 사실을 잊지 않도록 한다.

Part 2

좋은 제품 디자인하기

좋은 제품은 유용하고, 사용 가능하며, 사용되는 것이다.
그리고 유용하다는 것은 사용자의 요구를 충족시킨다는 의미다.

5장
사용자의 요구를 충족시켜라

혁신과 수요

사람들은 혁신을 기술과 결부하는 경향이 있다. R&D 엔지니어는 우선 새로운 기술을 개발한 뒤 이를 뒷받침해줄 시장과 수요가 있는지 알아보려 한다. 이는 답을 정해놓고 답에 맞는 문제를 찾아 떠나는 것과 다름없다. 그러나 이런 식의 접근은 대부분 상업적 실패로 끝나는 경우가 많다. 진정한 혁신은 사용자의 요구를 충족하는 것이다.

사용자의 요구 파악하기

사용자의 요구를 파악하는 것은 결코 쉽지 않다. 사용자는 자신이 무엇을 원하는지 모르는 경우가 많은데, 이는 문제 해결에 필요한 창의적인 자원이 없기 때문이다. 따라서 다양한 관찰·분석 기법을 활용해 사용자의 언어 뒤에 숨어 있는 진짜 요구를 파악해야 한다. 예를 들어, 포드 자동차 회사^{Ford Motor Company}의 창립자 헨리 포드^{Henry Ford}에게 사용자의 요구는 곧 기동성에 대한 욕구였다. 그 욕구(문제)에 대한 솔루션으로 'T형 포드'가 개발된 것이다(최고 시속 30킬로미터를 자랑하는 T형 포드는 시속 8킬로미터 정도이던 기존 자동차 시장에 획기적인 변화를 가져왔다).

> "사람들에게 원하는 게 무엇이냐고
> 물어봤다면 '더 빨리 달리는 말'이라고 대답했
> 을 것이다."
>
> — 헨리 포드

숨어 있는 사용자의 요구 찾기

네스트 랩스^{Nest Labs}의 창립자 토니 퍼델^{Tony Fadell}은 애플의 아이팟 개발에 참여해 '아이팟의 아버지'라고도 불린다. 그는 "모두가 알아차리는 문제는 해결하기 쉽지만, 아무도 알아차리지 못하는 문제는 해결하기가 어렵다"라고 말했다. 그러나 혁신은 바로 후자의 경우에 일어난다.

몇 년 전까지만 해도 IT 제품을 사면 사용하기 전에 반드시 배터리를 충전해야 했다. 배터리가 완충되기까지 몇 시간을 기다려야 했기 때문에 사용자 경험은 실망으로 시작되었다고 볼 수 있다. 고객의 좌절감을 포착한 애플은 미리 충전시킨 제품을 발송하기 시작했다. 사용자가 제품에 대한 더 나은 첫 경험을 할 수 있게 한 것이다. 오늘날 사용자가 누리는 작은 혜택의 디테일은 당연한 것이 되어 대부분의 IT 제품이 공장에서 이미 충전이 된 상태로 출시된다. 바로 이것이 보이지 않는 문제에 접근한 사례라 할 수 있다. 이 문제가 보이지 않았던 이유

는 모두가 당연하게 받아들이던 문제였고, 기업 입장에서는 그렇게 사소한 부분을 개선하기 위해 생산 프로세스를 바꾸고 싶지 않았을 것이다.

인간은 학습·적응 능력을 사용해 일상의 복잡한 작업을 별다른 문제의식 없이 습관적으로 수행하고 있다. 그러다 보니 이때의 좌절감 역시 눈에 보이지 않는 당연한 것이 되어버렸다.

퍼델은 "사용자의 일상에서 발생하는 문제 요소들을 포착해 개선의 기회로 삼을 수 있는 안목을 길러야 한다"라고 말했다. 이렇게 틈새시장을 공략하면 고객뿐 아니라 기업 또한 만족, 기쁨, 생산성 향상을 누릴 수 있다는 것이다. 퍼델은 바로 이런 원칙에 입각해 네스트 랩스를 설립하고, 스마트 온도 조절기를 출시했다. 그가 제시한 습관에 가려진 사용자의 진짜 요구를 파악하는 세 가지 비법을 알아보자.

1. 한발 물러나라

문제에는 항상 '전'과 '후'가 있다. 당장 겉으로 드러난 것에만 집중하면 문제의 본질을 놓칠 수 있다. 예를 들어, 인터페이스를 디자인할 때 앞뒤 맥락을 보지 않고 화면 하나만 수정하려고 하기보다는 화면의 연속성을 볼 줄 알아야 한다.

2. 디테일을 보라

문제를 전반적으로 파악했다면 그다음에는 디테일을 신경 써야 한다. 디테일을 세심하게 고려한 제품이 긍정적인 사용자 경험을 끌어내는 경우가 많다. 제품의 디테일 하나하나를 관찰하면서 어떤 부분을 개선할 수 있을지 생각해보자. 예를 들어, 어떤 아이콘이 눈에 잘 띄지 않아 누르려고 할 때마다 그 아이콘을 찾아 헤매는 상황이 발생한다면 그것이 바로 개선되어야 할 디테일이다.

3. 아이처럼 생각하라

사람은 시간이 흘러갈수록 세상에 순응하기 마련이다. 그러나 아이들은 세상의 영향을 많이 받지 않은 상태다. 무엇보다, 혁신을 일으킬 수 있는 순수한 시선을 가지고 있다. 아이와 같은 시선으로 창의적인 생각을 이끌어내자.

사용자의 요구란 무엇인가

1943년, 심리학자 에이브러햄 매슬로 Abraham Maslow 는 피라미드 형태로 인간의 소비 동기를 설명하는 '욕구 단계 이론'을 제시했다.

그의 욕구 피라미드 가장 아래쪽에는 생리적 기본 욕구가, 가장 위쪽에는 자아실현을 원하는 심리적 욕구가 위치한다. 유형의 제품이든 디지털 제품이든 상관없이 여러 사용자 요구 중 하나만 충족해도 그 제품은 유용성이 있다고 판단된다. 업무보다 경험이 더 중요한 신경제 new economy 시대에는 피라미드 상부의 욕구들과 연관된 활동들이 많다.

프로젝트를 시작하기 전에 소비자의 근본적인 동기가 무엇인지 생각해야 한다. 제품의 외양을 넘어 진짜로 추구하는 가치는 무엇인가? 예를 들어, 시간을 알고자 하는 이성적인 욕구 때문에 명품 시계를 사는 경우는 거의 없다. 이 소비는 욕구 피라미드의 세 번째 또는 네 번째 층과 관련이 있다. 세 번째 층은 특정 집단에 속하고자 하는 소속의 욕구, 네 번째 층은 지위를 갖고자 하는 존중의 욕구를 나타낸다. 바로 이런 욕구를 고려해 사용자 경험을 만들고, 그 점을 홍보해야 한다.

욕구 간에 위계가 있다는 사실은 증명된 바 없다. 그로 인해 매슬로의 욕구 단계 이론은 인간의 욕구를 지나치게 단순화했다는 이유로 비판을 받곤 한다. 하지만 욕구 피라미드는 생리적 욕구 외 다른 욕구들을 규정했다는 점에서 의의가 있으며, 하나의 참고 자료가 될 만하다.

디지털 마케팅 컨설턴트 데이브 두아르테Dave Duarte는 각 소셜 네트워크와 디
지털 기술이 욕구 피라미드의 욕구들과 연결된다고 주장했다.

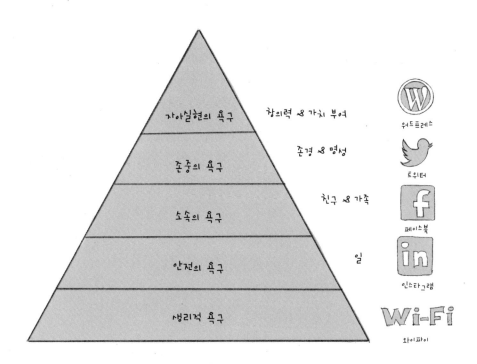

— 매슬로의 욕구 피라미드를 SNS에 접목시킨 데이브 두아르테의 기발한 아이디어
출처: http://daveduarte.co.za/blog/2013/8/28/maslows-internet-hierarchy

섀도잉

섀도잉shadowing이란 사용자 조사법의 일종으로, 사용자를 그림자shadow처럼 쫓으며 관찰하는 것이다. 본래의 취지는 사용자를 하루 종일 따라다니며 방해하지 않고 관찰하는 것인데, 다른 정성적 기법과 마찬가지로 표본이 작다(일대일 섀도잉 횟수는 2~10회). 사용자 조사법에서의 섀도잉은 비교적 짧은 시간(30~90분) 동안 사용자가 애플리케이션을 사용하는 모습을 관찰한다.

섀도잉 단계

1. 준비: 인터페이스를 분석하며 떠오르는 아이디어를 정리하고 질문 리스트를 작성한다.

2. 패널 선정: 대표성을 가진 사용자 몇 명을 선정하고 그들과 약속을 잡는다.

3. 시작: 관찰자는 자신을 소개하고 규칙을 설명한다. 예를 들어 "당신이 이 애플리케이션을 사용하는 동안 저는 방해하지 않고 관찰만 하겠습니다. 제가 없는 것처럼 행동해주세요. 제가 이해하지 못했던 점이 있다면 끝나고 난 뒤 질문을 드리겠습니다"와 같이 설명을 덧붙인다. 관찰 대상이 섀도잉에 참여할 준비가 되려면 관찰자와 신뢰 관계가 형성되어야 한다.

4. 진행 중: 관찰자는 관찰 내용을 메모한다. 만약을 위해 섀도잉이 진행되는 모습을 촬영할 수도 있다.

5. 마무리: 관찰자는 관찰 대상에게 질문을 한다. 대상의 행동을 명확히 이해하기 위해 몇 가지 동작을 재연해달라고 요청할 수도 있다.

6. 종료: 정보를 비교·분석하여 사용자의 요구, 작업 방식, 난점과 이점에 대한 유의미한 결과(인사이트)를 도출한다.

'Job to Be Done' 이해하기

'Job to Be Done[JTBD]'은 하버드 비즈니스 스쿨의 클레이튼 크리스텐슨[Clayton Christensen] 교수가 소비자 행동을 분석하는 하나의 방법으로 제시한 것이다. 원리는 간단하다. 소비자는 물건을 사는 게 아니다. 과업 수행, 즉 해결해야 할 과제[JTBD]를 위해 물건을 '사용하는' 것이다. 예를 들어, 드릴 자체가 필요한 사람은 없다. 소비자가 결국 구매하고 싶은 것은 드릴로 뚫린 벽의 구멍이며, 나아가 더 궁극적인 결과(벽에 걸린 액자, 예쁜 인테리어 등)라 해도 과언이 아니다. 'Job te Be Done'을 잘 이해하면 혁신 과정에서 실패 리스크를 상당 부분 줄일 수 있다.

"과제[Job]를 이해하면 제품을 개선할 방법이 명확하게 보인다."

— 클레이튼 크리스텐슨

사례 연구: 밀크셰이크의 비밀

맥도날드는 밀크셰이크 판매량을 올리기 위해 새로운 맛을 출시하고 양을 늘리는 등 여러 가지 시도를 했지만 별 효과가 없었다. 그래서 크리스텐슨 교수에게 이 문제를 해결해달라고 요청했다. 그는 다음과 같은 질문을 토대로 실험을 진행했다.

'고객은 어떤 과제를 해결하기 위해 밀크셰이크를 구매하는가?'

하루 동안의 관찰 결과, 크리스텐슨 교수는 오전 8시 이전에 혼자 매장을 찾는 고객들이 구매한 밀크셰이크가 전체 판매량의 절반을 차지한다는 사실을 알게 되었다. 다음 날, 그는 매장 밖에 자리를 잡고 밀크셰이크를 테이크아웃해서 나오는 고객들을 대상으로 설문을 진행했다. 그 결과, 차 안에서 장시간 지루하게 이동해야 하는 사람들이 길을 떠나기 전에 밀크셰이크를 구매한다는 사실을 알게 되었다. 그리고 그들은 대체로 아침 식사를 하지 않아 배 살짝 배가 고픈 상태였다. 즉, 운전 중의 무료함과 허기를 달래기 위한 수단으로 밀크셰이크를 '이용'한 것이다.

크리스텐슨 교수는 맥도날드 밀크셰이크의 경쟁 상대는 버거킹의 밀크셰이크가 아니라 운전 중에 먹을 수 있는 모든 먹거리(바나나, 도넛, 초콜릿 바 등)라는 사실을 깨달았다. 고객이 밀크셰이크를 선호하는 이유는 이 음료를 마시면 손을 더럽힐 필요가 없어 운전에 방해가 되지 않고, 포만감이 오래 유지되며, 속을 든든하게 만들어주기 때문이다. 이 실험에서 알 수 있듯, 판매량을 올리기 위해서는 해결 과제 JTBD와 연관된 제품 효용product benefit을 고민해야 한다. 포만감이 더욱 오래가도록 만들거나, 운전을 하며 더욱 편리하게 먹을 수 있도록 디자인을 바꾸거나, 구매 환경(빠른 구매를 위한 밀크셰이크 전용 대기 줄, 전용 선불카드 등)을 개선해볼 수도 있다.

또 하나, 이 실험을 통해 밀크셰이크 판매업자들의 밀크셰이크 매출을 모두 합친 것보다 잠재적인 시장의 규모가 훨씬 더 크다는 사실이 밝혀졌다. 똑같은 과제를 수행하기 위해 밀크셰이크가 아닌 다른 상품을 '이용'하는 고객들도 있기 때문이다. 크리스텐슨 교수는 이 잠재 시장의 규모가 밀크셰이크 시장보다 최소 7배 이상은 클 것이라 추정했다.

이렇듯 관점을 바꾸면 제품 혁신에 큰 도움이 된다. JTBD 접근법의 선구자인 토니 울빅Tony Ulwick은 JTBD의 원리를 다음과 같이 정리했다.

- 사람들은 '과제'를 수행하기 위해 제품과 서비스를 구매한다.
- JTBD는 기능에 초점을 맞추며 감정적이고 사회적인 요소를 포함한다.
- JTBD는 시간이 지나도 항구적이다.
- JTBD는 특정한 하나의 해결책으로 해결될 수 없다.
- 제품 혁신에 성공하려면 소비자나 제품이 아닌 JTBD를 분석 단위로 삼아야 한다.
- 고객의 JTBD를 심도 깊게 이해하면 더욱 효율적인 마케팅과 제품 혁신을 할 수 있으며 불확실성을 줄일 수 있다.
- 소비자는 합리적인 가격으로 더 나은 효과를 누릴 수 있는 제품과 서비스를 원한다.

페르소나와 연결하기

JTBD 접근법은 페르소나의 개념과 호환할 수 있다. 바람직한 페르소나는 사용자 목표, 욕구, 기대, 행동, 태도를 효과적으로 표현해낸다. 페르소나가 표현하는 정보는 JTBD 접근법으로 얻는 정보와 매우 유사하다. 페르소나를 활용하면 사용자 입장에서 공감할 수 있어 효과적이다. 각 페르소나 프로필에 JTBD를 추가해 정리해보거나, 반대로 JTBD 리스트를 작성한 뒤 각 '과제'에 부합하는 페르소나를 만들어볼 수도 있다.

사용자의 요구 충족시키기

우선, 사용자가 목표에 도달하기 위해 연속적으로 수행하는 작업과 사용자의 목표를 구분할 줄 알아야 한다. 그리고 이를 바탕으로 목표에 근접한 사용자 경험을 만들어내는 것이 중요하다.

현금 인출기에서 현금을 찾는 상황을 떠올려보자.

전 기존의 현금 인출기에서는 다음과 같은 단계를 거친다.	후 새로운 버전의 현금 인출기에서는 마지막 두 단계의 순서를 바꾸면서 사용자 경험의 변화를 꾀했다.
카드 삽입하기	동일
비밀번호 입력하기	동일
원하는 금액 입력하기	동일
현금 찾기	카드 회수하기
카드 회수하기	현금 찾기
결과: 사용자 상당수는 '현금을 찾는' 목표를 달성하자 현금 인출기에서 카드를 회수해야 한다는 사실을 잊어버리곤 했다. 결국 카드를 찾으러 다시 돌아가야 했기 때문에 이때의 좌절감, 스트레스, 에너지 낭비가 매우 컸다.	**결과:** 사용자들은 잊지 않고 카드를 회수했고, 현금 인출기를 사용하는 목적인 '현금 찾기'를 잊어버리는 일은 극히 드물었다. 결과적으로 더 나은 사용자 경험을 만들어낸 것이다.

밸류 프로포지션 디자인 워크숍

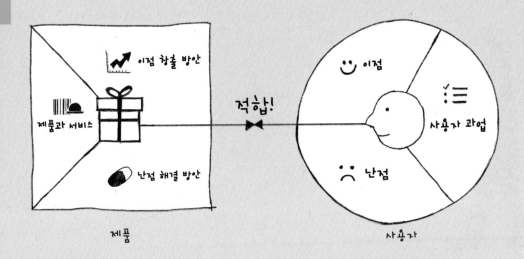

알렉산더 오스터왈더Alexander Osterwalder와 예스 피그누어Yves Pigneur는 베스트셀러《비즈니스 모델의 탄생Business Model Generation》과《밸류 프로포지션 디자인Value Proposition Design》의 공동 저자다.

밸류 프로포지션 디자인을 통해 사용자의 요구에 부합하는 제품을 만들 수 있다. 이는 포커스를 맞출 수 있게 하며, 개발될 제품의 윤곽을 잡아주는 매우 시각적인 접근법이다. 밸류 프로포지션 디자인 프로세스는 위의 그림과 같이 시각적인 캔버스로 표현되었다. 왼쪽에는 제품을, 오른쪽에는 사용자를 두고 두 요소를 조율해 디자인하는 것이다. 이 캔버스를 워크숍에서 활용하면 팀원들이 사용자 관점을 이해하고 수용하는 데 도움이 된다. 일반적으로 A3 용지에 '사용자' 캔버스와 '제품' 캔버스를 각각 인쇄하고 벽에 게시해 활용한다.

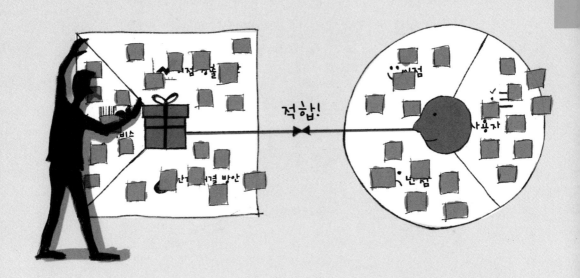

밸류 프로포지션 디자인의 핵심은 사용자의 요구와 제품 가치가 서로 부합하도록 조율하는 것이다. 밸류 프로포지션 디자인 워크숍은 팀이 사용자 가치 창출에 집중하도록 하는 매우 효과적인 방법이라 할 수 있다. 결론적으로 창의적인 아이디어란, 사용자에게 선물이 될 만한 가치 있는 제품을 제안하는 것이다.

워크숍 실행하기

밸류 프로포지션 디자인 워크숍을 시작하기에 앞서, 사용자 조사(인터뷰, 섀도잉 등)를 실시하고, 그 결과를 종합해 페르소나 프로필을 작성한다. 모든 UX 워크숍이 그렇듯, 적어도 3시간 이상 워크숍에 참여할 수 있는 다양한 전공의 사람으로 팀을 구성한다.

진행자는 워크숍이 시작되면 가장 먼저 사용자 조사 결과를 공유해 모든 팀원이 동일한 수준의 지식을 갖추도록 한다. 워크숍 1부는 앞서 팀 전체에 공유된 내용 또는 팀원 각자의 지식을 활용해 사용자 캔버스를 채우는 시간이다.

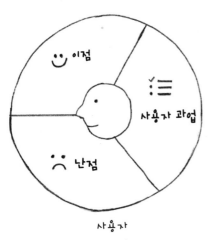

사용자 캔버스는 세 가지 섹션으로 나뉜다.

- **난점**: 제품과의 상호작용에서 겪는 어려운 점들의 목록
- **이점**: 제품과의 상호작용에서 얻고자 하는 점들의 목록
- **사용자 과업**: 사용자가 일상에서 완수해야 하는 과제 또는 활동, 사용자가 충족해야 할 요구

워크숍 참가자들은 포스트잇을 사용해 각 섹션의 내용을 보충할 수 있다.

잠깐의 휴식을 취한 뒤 워크숍 2부를 시작한다. 진행자는 사용자 캔버스의 맞은편에 제품 캔버스를 배치해 두 요소가 서로 적합한지 시각적으로 파악할 수 있도록 한다.

제품 캔버스 역시 세 가지 섹션으로 나뉜다.

- **난점 해결 방안**: 사용자가 겪는 어려움을 해결해줄 제품의 요소
- **이점 창출 방안**: 사용자가 기대하는 혜택을 가져다줄 제품의 요소
- **제품과 서비스**: 사용자에게 제안되는 제품의 기능과 서비스 전체

제품

참가자들은 각 난점에 대해 하나 또는 여러 개의 난점 해결 방안을 제안한다. 마찬가지로 각 이점에 대해서도 하나 또는 여러 개의 이점 창출 방안을 제안한다.

두 캔버스의 이상적인 조합, 서로 꼭 들어맞는 조합을 찾는 것이 이 워크숍의 핵심이다. 난점 해결 방안과 이점 창출 방안 목록을 바탕으로 사용자의 요구에 부합하는 기능 및 서비스 목록을 정리할 수 있다. 그렇게 워크숍이 끝나면 사용자의 요구를 충족하는 제품 기능 목록을 갖게 된다. 마지막으로 우선순위, 즉 사용자에게 제공되는 가치가 큰 순서대로 기능의 항목을 나열한다.

'기회 나무'로 불확실성 관리하기

2016년, 제품 발견^{product discovery}* 전문 코치인 테레사 토레스^{Teresa Torres}는 사람들이 문제 상황에 놓이면 재빨리 하나의 해결책을 찾아 그 해결책에만 몰두하는 경향이 있다는 사실에 착안해 '기회/해결책 나무^{Opportunity Solution Tree}'라는 획기적인 개념을 제시했다. 이는 근본적 문제와 해결책이 동떨어지지 않도록 하면서 가능성의 영역을 꼼꼼히 탐색하는 접근법이다.

토레스의 접근법을 요약하면 다음과 같다.

- 전체를 조감하며 비즈니스 목표를 정하거나, 이미 정해진 목표가 있다면 정리해본다. 예를 들어 '사용자가 동영상 콘텐츠를 더 많이 소비하도록 만들 것이다'와 같은, 주로 사용자의 행동에 변화를 일으켜 기업의 이윤을 창출하겠다는 목표를 세울 수 있다.
- 목표를 정하고 나면 그 목표를 달성할 수 있는 기회 요인을 모두 찾아낸다. 탐색 활동(섀도잉, 인터뷰 등)을 통해 발견한 난점 또는 충족되지 않은 사용자 욕구가 기회 요인이 될 수도 있다. 가령, '기차나 비행기로 이동할 때 동영상을 시청하고 싶다'라는 사용자 욕구가 있다고 가정해보자. 이 욕구가 바로 '기회 나무'의 가지로 표현된다. 욕구 또는 난점이 광범위할 경우, 더 작은 단위로 쪼개 해결하기 힘든 문제를 해결이 쉬운 작은 문제들로 바꾸어본다. 위의 예시에서는 기차와 비행기를 구분 지을 필요가 없으므로 더 작은 단위로 나누지 않아도 된다.

---

* 실리콘 밸리의 전설적인 코치이자 《인스파이어드^{INSPIRED}》의 저자 마티 케이건^{Marty Cagan}에 의하면 제품 발견이란 기술 개발 단계에 들어가기에 앞서 혁신의 네 가지 주요 요소(가치, 사용성, 기술적 구현 가능성, 경제적 지속 가능성)와 연관된 리스크를 없애는 과정이다.

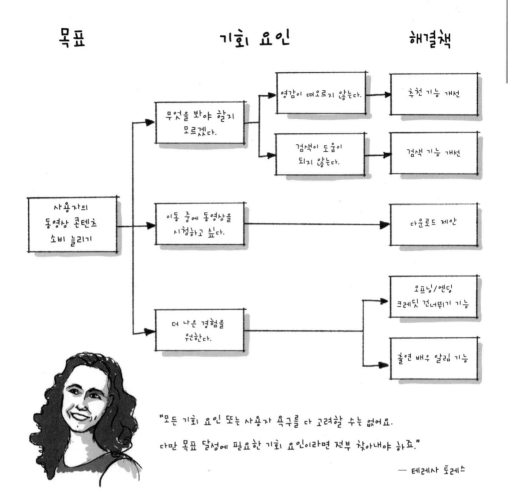

목표	기회 요인	해결책

사용자의 **동영상 콘텐츠** 소비 늘리기

무엇을 봐야 할지 모르겠다.
- 영감이 떠오르지 않는다. → 추천 기능 개선
- 검색이 도움이 되지 않는다. → 검색 기능 개선

이동 중에 동영상을 시청하고 싶다. → 다운로드 제안

더 나은 경험을 원한다.
- 오프닝/엔딩 크레딧 건너뛰기 기능
- 출연 배우 알림 기능

"모든 기회 요인 또는 사용자 욕구를 다 고려할 수는 없어요.
다만 목표 달성에 필요한 기회 요인이라면 전부 찾아내야 하죠."

— 테레사 토레스

- 각 기회 요인에 부합하는 하나 또는 여러 개의 해결책을 찾는다. 생각나는 해결책이 있다면 전부 검토해보아야 한다.

- 각 해결책이 타당한지 검증하기 위해 테스트를 진행한다. '이동 중 동영상 시청하기'에 대한 해결책으로 다운로드를 제안하고 싶다면 다음과 같은 실험을 해볼 수 있다. 실제로는 작동하지 않는 다운로드 버튼을 만든 뒤 사용자 몇 명이 그 버튼을 누르는지 짧은 기간 동안 테스트해보는 것이다. 이때, 해결책의 타당성을 판단할 기준을 정한다(예: 24시간 이내에 1,000명이 클릭해야 함). 첫 실험을 진행하고 나면 해결책의 가치를 판단할 수 있을 것이다. 다음으로 2번째 테스트를 통해 사용성을 판단한다. 예를 들어, 프로토타입을 하나 만들어 사용자 10명을 대상으로 테스트를 진행하는 것이다. 이처럼 테스트를 활용하면 불확실성을 줄이고 온전히 제품의 기능에만 개발 비용을 집중시켜 비즈니스 목표를 효과적으로 달성할 수 있다.

> "문제를 푸는 데 1시간이 주어진다면,
> 나는 문제를 파악하는 데 55분을 쓰고
> 해결책을 찾는 데는 단 5분만 쓸 것이다."
>
> — 알베르트 아인슈타인Albert Einstein

기회 나무는 사용자 조사 또는 사용자 테스트를 진행할 때마다, 타당성을 검증하는 실험을 진행할 때마다, 처음에는 보이지 않았던 새로운 기회 요인 및 해결책이 등장할 때마다 업데이트되는 생생한 참고 자료가 된다.

따라서 기회 나무는 앞서 다루었던 다양한 접근법(디자인 씽킹, 애자일, 린 UX 프로세스)과 호환될 수 있다. 무엇보다 기회 나무는 견고하고 철저한 논증법을 활용해 문제점과 해결책의 연결 고리를 놓치지 않는다는 장점이 있다. 일론 머스크^{Elon Musk}는 이러한 접근법을 '제일원리 사고법^{First-principles thinking}'이라 불렀다. 물리학적으로 가장 기본적인 원리를 가리키는 '제일원리' 개념에서 출발한 제일원리 사고법은 우리가 사실이라 여기는 가장 기초적인 단위로 문제를 잘게 쪼개 생각하는 것이다. 머스크는 이 혁신적인 과학적 접근법이 자신이 창업한 회사들(페이팔, 스페이스X, 테슬라 등)의 성공을 이끌었다고 설명했다.

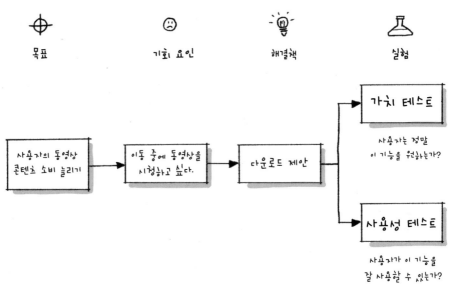

기회 나무: 두 테스트가 필요하다는 결론을 내리게 된 논증 과정

요점 정리

☑ 혁신은 사용자의 요구를 파악하는 데서 출발한다. 다만, 사용자가 자신의 요구를 늘 정확하게 아는 건 아니다.

☑ 사용자 조사를 하는 목적은 겉으로 드러나는 요구 외에 '숨겨진 요구'를 파악하기 위해서다.

☑ 심리적 욕구는 생리적 욕구만큼이나 중요하다. 신경제 시대의 산업은 심리적 욕구를 충족시킴으로써 가치 창출을 하는 경우가 많다(예를 들어, 페이스북은 특정 커뮤니티에 소속되고자 하는 욕구를 충족시킨다).

☑ 섀도잉은 표현되지 않은 요구를 파악하기 위해 사용자를 관찰하는 조사 기법이다.

☑ 밸류 프로포지션 디자인 워크숍은 사용자의 요구에 포커스를 맞추며 개발할 제품의 윤곽을 잡을 수 있게 한다.

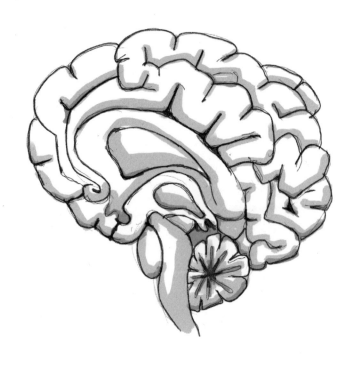

**인간과 기계의 커뮤니케이션,
그 본질적이고 영속적인 메커니즘에 대해 알아보자.**

6장
인간의 능력에 맞는 제품을 개발하라

상호작용은 어떻게 이루어질까

스탠퍼드 대학교 컴퓨터 공학부의 연구원인 스튜어트 카드Stuart Card는 1974년에 캘리포니아주 팰로앨토에 있는 연구 개발 회사 제록스 파크Xerox PARC의 선임 연구원으로 근무했다. 카드가 당시 맡았던 업무는 '인간과 기계의 상호작용'에 대한 제록스의 연구를 뒷받침해줄 이론적 토대를 만드는 것이었다. 1983년에 발표한 그의 저서《인간-컴퓨터 상호작용의 심리학The Psychology of Human-Computer Interaction》은 초창기 그래픽 인터페이스에 상당한 영향을 미쳤다.

카드에 따르면 인간의 정보처리모형Human Processor Model, MHP은 다음의 세 가지 하부 시스템으로 구성되어 있다.

- 지각 시스템perceptual system
- 인지 시스템cognitive system
- 운동 시스템motor system

지각 시스템은 주변 환경에 대한 정보를 제공해주는 감각 기관(시각, 청각, 촉각, 후각, 미각에 반응하는 자극 수용기)으로 구성되어 있다. 인지 시스템은 지각 시스템으로부터

받은 정보를 처리한다. 여러 선택지 중에서 어떤 행동을 할 것인지 결정하는 역할이라 할 수 있다. 마지막으로 운동 시스템(근육)은 행동을 실행함으로써 주변 환경에 영향을 미친다.

위의 사이클은 순환된다. 지각 시스템은 행동의 효과를 측정하고, 우리는 그 결과에 따라 어떤 행동을 할지 결정한다. 이를 '피드백' 과정이라 부른다. 인간과 기계의 상호작용은 세 가지 시스템의 협력적 작용에 기반한 것이다.

컴퓨터와 스마트폰, 사물인터넷 제품들은 바로 이런 원리를 바탕으로 만들어졌다.

- 인풋 시스템input system(카메라, 키보드, 트랙 패드, 터치스크린, 마우스, 마이크, 가속도계 등)
- 설정에 따라 어떤 반응을 내보낼 것인지 결정하는 처리 시스템
- 아웃풋 시스템output system(화면, 스피커, 진동 등)

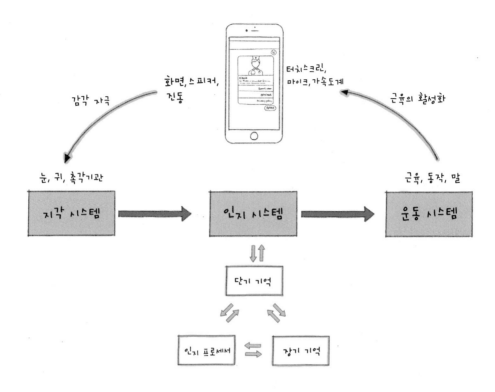

인간과 기계의 최적화된 커뮤니케이션을 이끌어내기 위해 다음 세 가지 사항을 살펴보도록 하자.

- 지각 시스템 활용하기
- 인지 시스템 활용하기
- 운동 시스템 활용하기

1. 지각 시스템 활용하기

시각적 인터페이스를 사용할 때 인간의 지각 시스템은 인지 시스템에 보다 고차원적 정보를 제공하기 위해 1단계 정보 처리를 실행한다.

지각 시스템은 어떻게 작동할까

계슈탈트 이론(게슈탈트는 독일어로 '형태'라는 뜻이다)은 인간의 지각 시스템이 어떻게 작동하는지를 설명한다. 이는 20세기 초 독일의 심리학자 막스 베르트하이머[Max Wertheimer], 볼프강 쾰러[Wolfgang Köhler], 쿠르트 코프카[Kurt Koffka]에 의해 정립되었다. 게슈탈트 이론에 따르면 인간의 지각 시스템은 각 요소(지각의 대상)를 더하는 방식이 아닌, 전체적으로 대상을 파악하는 방식을 따른다.

예를 들어, 3명의 '팩맨'이 서로 마주 보는 앞 페이지의 그림에서 우리의 눈은 각 팩맨을 하나하나 살피기보다는 흰색의 세모를 보게 된다. 3개의 구성 요소가 네 번째 요소를 만들자 우리는 그것을 가장 우선으로 인식하는 것이다. 우리의 눈은 대비contrast 효과에 따라 작동하며 눈에 띄는 요소 간의 관계를 파악하려 한다. 우리의 지각 시스템은 눈으로 보이는 요소들을 익숙한 형태와 연관 지어 인식하려 한다(앞의 그림에서는 삼각형으로 인식).

전체에서 어떤 의미도 도출해내지 못하면 사용자는 흥미를 잃고 외면하는 경향이 있다(지루함이나 혼란스러움 등을 느낀다). 이처럼 게슈탈트 이론은 사용자 인터페이스 디자인에 큰 영향을 미쳤다.

의미 추출

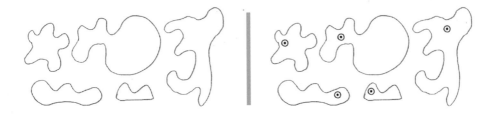

스콧 맥클라우드 Scott McCloud는 커다란 반향을 일으킨 저서 《만화의 이해 Understanding Comics》를 통해 우리의 뇌는 모든 상황에서 의미를 도출하려는 경향이 있다고 밝혔다. 낯선 모양의 왼쪽 그림은 어떤 익숙한 형태와 연관시키기가 어렵다. 이 경우 우리는 그림에 금세 흥미를 잃고 다른 곳으로 주의를 돌리게 된다. 맥클라우드는 이 낯선 그림에 점을 찍고 원을 그렸다. 그러자 민달팽이 같기도 하고, 어떤 사람이나 동물 같기도 한 형태가 되었다. 이때부터 이 그림은 우리의 관심을 끌기 시작한다. 완전히 똑같진 않지만 우리에게 '익숙한 어떤 것'을 상기시키면서 보고 싶은 마음이 들게 하는 것이다.

근접성과 유사성

게슈탈트 이론은 인식의 대상뿐 아니라 대상들 간의 관계가 중요한 정보를 만든다는 사실을 증명했다. 게슈탈트 이론의 대표적 법칙으로는 두 요소가 물리적으로 가까우면 기능·의미적으로도 가깝게 인식된다는 '근접성의 법칙'과 시각적으로 유사한 것들을 묶어 인식하는 경향인 '유사성의 법칙'이 있다.

이 두 법칙은 다음의 예시에서 추상적인 그림으로 설명되어 있다. 업무에 적절히 적용한다면 지각 시스템을 활용한 직관적인 인터페이스를 구현할 수 있을 것이다.

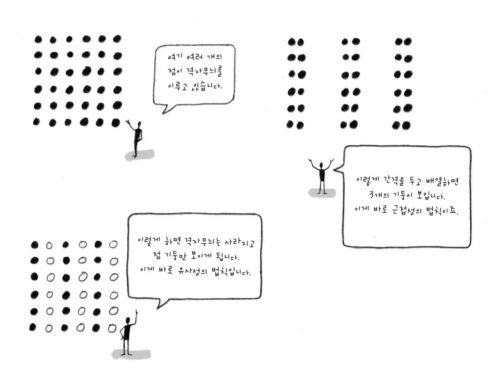

게슈탈트 이론과 인터페이스

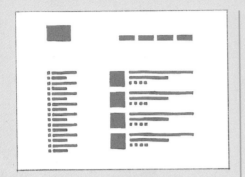 

우리의 눈은 위의 웹페이지를 4개의 구역으로 인식한다(근접성의 법칙과 유사성의 원칙).

왼쪽 구역에 2개의 작은 간격을 추가하자 동일한 범주의 하위 그룹 3개로 인식된다(근접성의 원칙). 같은 방식으로 오른쪽 구역을 2개의 하위 그룹으로 분류할 수 있다. 여전히 우리의 눈은 이 웹페이지를 4개의 구역으로 인식하지만, 각 구역 내에 새로운 구조가 만들어지며 콘텐츠의 이해를 돕는다.

이번에는 웹페이지에 검색창을 배치한
다고 생각해보자. 검색창의 위치는 사
용자가 검색의 범위를 이해하는 데 직
접적인 영향을 미친다. 예를 들어, 메
인 메뉴 라인에 검색창을 배치하면 사
이트 전반에 관한 검색을 할 수 있다고
인식할 것이다.

반면, 게시글 목록 바로 위에 검색창을
배치하면 게시글 검색 기능으로 한정
하여 인식할 것이다.

맥락의 역할

MIT의 뇌·인지과학과 교수인 에드워드 아델슨Edward Adelson은 다음 그림을 통해 인간의 지각 시스템이 맥락의 영향을 받는다는 사실을 증명했다.

A칸과 B칸은 동일한 색상 코드를 가진 회색이다. 하지만 이 그림을 보는 우리는 자동적으로 체스판을 떠올리고, 흰 칸과 검은 칸이 동일한 색일 수 없다는 체스판 구조의 논리적 특성을 생각해 두 회색을 동일한 색상이라 인식하지 않는다.

시각적 인터페이스도 마찬가지다. 인터페이스의 전체적 구성이 구성 요소를 이해하는 데 커다란 영향을 미친다.

대비 효과

대비 효과를 잘 활용하면 인터페이스 구성 요소들을 눈에 잘 띄게 만들 수 있다. 인터페이스 구성 요소들은 현관문 같은 역할을 한다. 사용자에게 인터페이스의 사용 방향을 제시할 수 있어야 한다.

예를 들어, 이커머스 웹사이트의 상품 설명 페이지에서 가장 눈에 띄어야 하는 구성 요소는 다음과 같다.

- 감정에 호소하는 상품의 외양
- 구매 행동을 일으키는 상품 가격과 정보
- '장바구니에 담기' 같은 콜 투 액션 call to action (사용자의 행동을 유도하는 버튼을 말함) 버튼

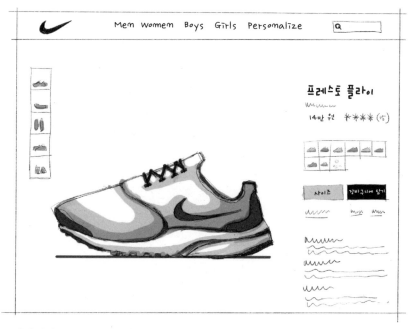

디자인을 평가할 때는 천천히 눈을 깜박이며 다음과 같은 질문을 던져 보는 것도 좋은 방법이다.

"이것의 기능은 무엇일까?"

페이스

우리의 눈은 웹페이지 또는 화면을 볼 때 특정 자극을 우선으로 처리한다. 한편, 우리가 상대의 감정 상태를 판독하기 위해 가장 먼저 보는 곳은 바로 그 사람의 얼굴이다(적대적인가? 중립적인가? 우호적인가? 등).

우리의 뇌는 상대의 감정 상태를 내부에서 재현하는 거울 신경세포mirror neuron를 통해 얼굴 표정에 대한 정보를 처리한다. 이는 인간의 공감 능력에 기반한 것이다. 이 때문에 제품 광고에 웃는 얼굴이 종종 등장한다. 기분 좋은 얼굴을 보여줌으로써 제품을 사용하면 만족감을 얻을 수 있다고 무의식적으로 생각하게 만드는 것이다.

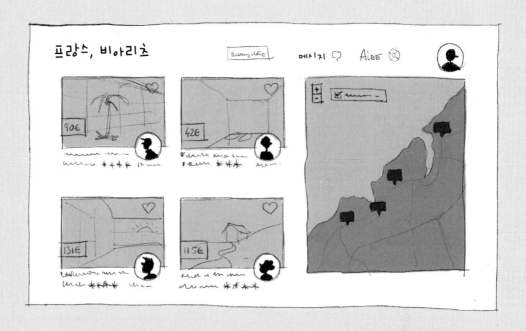

　　SNS와 웹사이트상의 '온라인 신뢰'를 얻기 위해 이와 같은 메커니즘이 적용되기도 한다. 예를 들어, 에어비앤비Airbnb 사이트에서 호스트의 얼굴이 공개된 숙소는 신뢰도가 대폭 상승한다. 신뢰도가 상승하면 거래가 성사될 가능성이 커지며, 결국 기업의 성공으로 이어진다.

도식화하기

나폴레옹 보나파르트^{Napoleon Bonaparte}는 "긴 연설보다 한 장의 스케치가 낫다"라고 말했다. 시각화 기법의 '명쾌한 힘'을 강조하고자 한 것이다. 선형적으로 전개되는 텍스트를 읽는 것보다 도식화된 그림을 보면 전반적인 내용을 즉각 파악하기 좋다.

원이란 무엇일까?

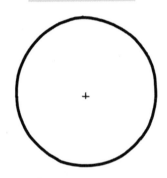

평면상의 닫힌 곡선으로,
곡선을 구성하는 모든 점이
중심점으로부터 일정한
거리에 있는 도형

위의 예시에서 왼쪽의 그림 정보가 오른쪽의 글 정보보다 처리되는 속도가 훨씬 빠르다는 것을 알 수 있다. 기호 또는 그림은 지적 활동을 지각 활동으로 바꾸어주는 역할을 한다. 지각 활동은 지적 활동보다 빠르고 피로감이 덜하다. 따라서 될 수 있으면 정보는 시각적 형태로 표현되는 것이 좋다. 정보를 잘 표현한 기호 또는 그림은 질문에 대한 해답이 될 수도 있다. 예를 들어, 디지털 대시보드^{digtal dashboard}는 상황적 지각 능력^{situational perception}을 높여준다. 결정권자는 시각화된 대시보드에 담긴 핵심 정보를 종합해 복잡한 상황을 파악할 수 있다. 디지털 대시보드를 활용하면 비교 분석과 트렌트 파악을 하기에도 용이하다.

픽토그램과 상징

아래 픽토그램pictogram들의 의미를 알고 있는가?

모든 개념을 시각적으로 표현할 수 있는 건 아니다. 픽토그램을 남용하면 오히려 인간공학적 문제가 발생한다. 디자이너들은 사용자 친화적user friendly인 인터페이스를 만들기 위해 텍스트를 그림 기호로 대체했지만, 이것이 오히려 사용자들을 더욱 혼란스럽게 만들고 말았다. 마치 수수께끼 같은 그림의 의미를 파악하기 위해 노력해야 했고, 이것이 '나쁜 경험'으로 이어진 것이다.

가장 좋은 방법은 기본적으로 텍스트를 활용하되 인터페이스에 부담을 주지 않는 한에서 픽토그램을 덧붙이는 것이다. 물론 예외도 있다. 다음과 같은 경우, 텍스트 없이 픽토그램만을 사용할 수 있다.

- 물건(카메라, 스마트폰, 프린터 등)
- 기능 자체를 시각적으로 표현한 것(밑줄, 가운데 정렬, 진하게 등의 기능)
- 누구나 아는 개념(홈 버튼-집 모양 아이콘, 프로필 표시-사람 모양 아이콘, 창 닫기 버튼-X 모양 아이콘, 와이파이 표시 등)

런던 지하철 노선도

　1919년 런던의 지하철 노선도는 스파게티면 몇 가닥을 늘어놓은 모양이었다. 이 노선도는 실제 지도를 바탕으로 지리적 거리를 반영해 그린 것이었다. 그러다 보니 지하철역 간 거리가 먼 도시 외곽 지역에 대한 정보는 거의 적혀 있지 않았던 반면, 역이 밀집한 도심 지역에는 너무 많은 정보가 작은 글씨로 적혀 있어 읽기가 어려웠다.

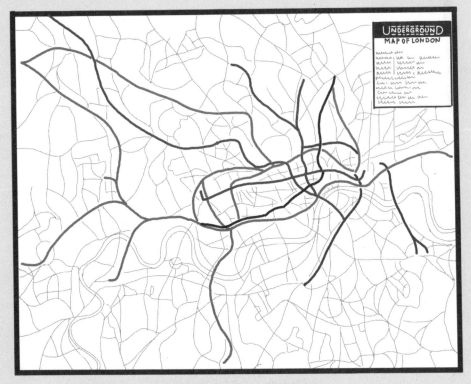

런던의 첫 지하철 노선도(1919년)

　당시 런던교통공사의 평범한 직원이었던 해리 벡Harry Beck은 기존 노선도가 매우 비효율적이라고 생각했다. 그래서 그는 쉬는 시간마다 새로운 노선도를 디자인했다.

- 지하철 이용에 필요한 정보만 담음
- 외곽 지역에 할애되었던 공간을 축소하여 효율적으로 재배치
- 점으로 표시된 주요 역을 기점으로 수직, 수평, 45도 각도의 선이 뻗어나가는 형태

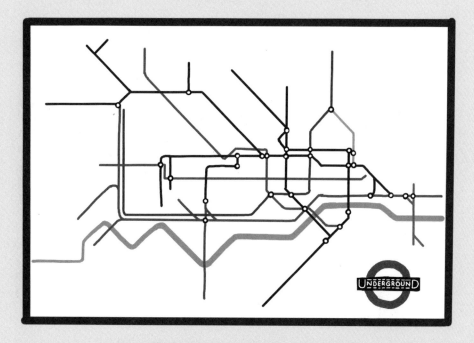

해리 벡이 디자인한 런던의 지하철 노선도(1931년)

벡의 세련되고 효율적인 디자인 덕분에 복잡한 노선이 깔끔하게 정리되었다. 당시 런던교통공사는 회의적인 반응을 보였지만, 벡의 지하철 노선도는 승객들에게 큰 호응을 얻었다. A지점에서 B지점으로 이동하는 경로를 예측하기가 훨씬 수월해졌기 때문이다. 결국 이 노선도 형식은 전 세계적으로 도입되었다.

이처럼 잘 만든 도식은 의사결정을 용이하게 할 수 있다.

2. 인지 시스템 활용하기

인간과 기계의 커뮤니케이션에 활용되는 또 다른 시스템은 인지 시스템으로, 이는 의사결정을 주도한다. 인간의 뇌는 점차 발달하여 상황에 따라 작동되는 두 가지 의사결정 시스템을 갖추게 되었다.

- **시스템 1**: 끊임없이 작동하고 매우 빠르며 대부분의 무의식적 결정을 내리는 시스템으로, 많은 에너지를 요하지 않는다(예: 걷기 위해 한 발을 다른 발 앞으로 놓는 것, 다음 내용을 보기 위해 책장을 넘기는 것 등).
- **시스템 2**: 이성적인 판단과 신중한 결정을 하며, 보다 고차원적인 의사 능력을 지휘하는 시스템이다. 시스템 1보다 느리고 에너지 소요도 크다. 시스템 2는 시스템 1을 통해 상황을 해결할 수 없을 때 작동하며, 시스템 2의 작동을 위해서는 노력을 감수해야 한다.

최적의 UX 디자인은 대체로 시스템 1에 의존한다. 예를 들어 사용자가 특별한 노력을 기울이지 않아도 웹페이지상에서 자연스럽게 제품 구매를 할 수 있도록 디자인해야 한다. 각 웹페이지가 사용자의 노력을 최소화하는 기능과 정보를 포함하도록 사전에 더 많은 작업을 해야 하는 것이다.

우리는 매우 익숙한 메커니즘 또는 모델을 통해 결과물을 얻는 경우가 많다.

두 가지 의사결정 시스템

시스템 1	시스템 2

빠르다.	느리다.

무의식적이며 소요되는 에너지가 매우 적다.	의식적이며 소요되는 에너지가 매우 많다.

일상적인 결정	복잡한 결정
신뢰도가 낮고 실수의 위험이 크다.	신뢰도가 높다.

인간의 기억

사용하기 어려운 인터페이스는 사용자의 기억력을 지나치게 요구하는 인터페이스다. 인간의 기억은 단기 기억(작업 기억)과 장기 기억, 두 종류가 있다.

단기 기억	장기 기억
제한된 시간 동안 적은 양의 정보를 저장	무제한의 시간 동안 방대한 양의 정보를 저장
• 노력을 요구하지 않음 • 때로는 장기 기억의 임시 저장소 역할을 함.	• 의식적인 노력과 반복이 필요함 • 익숙한 개념과 연결하거나 강렬한 감정이 차올라야 함.

1956년, 심리학자 조지 밀러^{George Miller}는 자신의 논문 〈마법의 수 칠, 더하거나 빼기 이〉에 작업 기억의 크기를 나타내는 숫자 7(개인 편차 ±2)을 제시했다. 그 후 인터페이스 디자이너들은 내비게이션 바에 포함할 항목의 수를 정할 때 숫자 7을 기준으로 삼았다. 그러나 최근에는 인간의 작업 기억이 4~5개의 청크^{chunk}(덩어리)를 수용한다는 주장이 설득력을 얻고 있다. 게다가 개인 간 편차도 매우 크다고 한다.

청킹^{chunking}은 방대한 정보를 의미 있는 덩어리로 작게 나누어 단기 기억 활동을 촉진하는 과정이다. 예를 들어, 18개의 정보를 1개의 청크로 수용하는 것보다 6개씩 3개의 청크로 나누어 수용하는 것이 더 효과적이다.

마찬가지로, 전화번호 9~10자리 숫자를 한꺼번에 외우는 것보다 2~4자리씩 세 덩어리로 나누어 외우면 기억하기가 훨씬 쉽다.

제이콥 닐슨은 2000년대에 인터페이스의 사용성을 증진시키는 10가지 법칙을 정리한 '사용성 휴리스틱usability heuristics'을 발표했다. 그중에 '기억해내기보다 인식하게 하라'라는 법칙이 있다. 사용자가 개인의 기억 속에서 정보를 끄집어내는 것이 아니라, 필요한 정보를 화면 속에서 인식하도록 만들라는 뜻이다.

예를 들어, 한 사용자가 웹사이트에서 특정 정보(예: 매장 오픈 시간)를 얻으려고 할 때 처음에는 어떤 메뉴에 해당 정보가 있는지 알 수 없기 때문에 시도와 실수 과정을 거치게 된다. 이때 이미 클릭한 링크의 색깔이 바뀐다면, 사용자는 자신이 어디까지 검색했는지 파악하기 쉽고, 차근차근 정보를 찾아나갈 수 있을 것이다. 클릭한 링크를 일일이 기억하고 있어야 한다고 생각해보라. 작업 능률을 감소시키는 정신적 부담이 될 수 있다.

복잡한 작업 프로세스를 시나리오화하여 단계별 차트 형태로 정리해두는 것이 좋다. 전문 지식은 사용자의 머릿속이 아니라 시스템 자체에 포함되어야 한다.

핵심 개념   인지 편향

우리의 뇌는 에너지원을 갈구한다. 몸무게의 2%밖에 차지하지 않는데도 20%의 칼로리를 소모한다. 또한 에너지원을 아끼기 위해 칼로리가 많이 소모되는 논리적인 추론을 피하려 한다. '인지 편향'은 이렇게 발생해 우리의 올바른 판단을 방해한다. 행동경제학자 댄 애리얼리Dan Ariely는 시각적인 착각과 마찬가지로 인지적인 착각 또한 우리가 현실을 있는 그대로 볼 수 없도록 만든다고 설명했다.

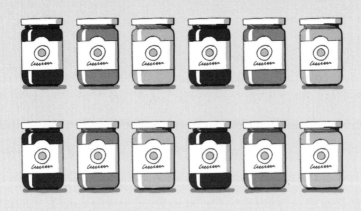

2000년, 심리학자 쉬나 아이엔가Sheena Iyengar와 마크 레퍼Mark Lepper가 한 연구를 진행했다. 우선, 소비자 패널에게 슈퍼마켓에서 할인된 가격에 잼을 살 수 있는 쿠폰을 주었다. 첫 번째 실험에서는 잼을 24개 진열했고, 두 번째 실험에서는 6개만 진열했다. 그러자 매우 흥미로운 결과가 나왔다.

소비자들은 시각적인 자극을 받아 24개의 잼을 진열해둔 진열대에 더 많이 멈춰 섰다. 그러나 정작 구매율은 6개만 진열했을 때의 10분의 1 수준이었다. 진열대에 남아 있는 잼의 개수가 많을 때 소비자들은 의구심을 가졌고, 잘못된 선택을 할까 두려워했다. 그래서 잘못된 결정을 내리느니 포기하는 쪽을 택한 것이다.

142   **Part 2** 좋은 제품 디자인하기

"우리의 신체적 한계를 이해하는
만큼 우리의 인지적 한계를 이해한다면
더 나은 세상을 만들 수 있을 것이다."

— 댄 애리얼리

인터페이스 디자이너들이 흔히 하는 착각은 사용자에게 최대한 많은 옵션을
주면 옵션이 많은 만큼 선택의 자유가 생긴다고 생각하는 것이다. 그러나 옵션 하
나가 추가될 때마다 인지적 수고를 기울여야 하기 때문에 사용자의 의욕을 꺾을
수 있다는 사실을 알아야 한다. 스티브 크룩 Steve Krugg의 다소 도발적인 제목의 저
서 《사용자를 생각하게 하지 마!Don't Make Me Think》는 그러한 오해를 잘 지적했다.

훌륭한 디자인이란 불필요한 결정을 모두 배제한 것이라 할 수 있다.

3. 운동 시스템 활용하기

운동 시스템은 인간과 기계의 커뮤니케이션에 활용되는 또 다른 시스템으로, 특정 움직임(예: 스마트폰의 터치스크린을 누르는 동작)을 수행하는 근육과 관련이 있다. 아무리 간단한 동작도 자세히 보면 그 동작을 수행하기까지 적어도 3단계 과정을 거친다는 것을 알 수 있다.

1단계

화면을 보고 목표물을 눈으로 겨냥한다(예: 창 닫기 아이콘 응시). 지각 시스템이 활성화된다.

2단계

마우스 또는 손가락을 움직여 목표물에 가져간다.

3단계

적절한 동작을 수행한다(여기서는 마우스 버튼을 클릭하거나 손가락으로 화면을 터치하는 동작).

인간 공학에서 자주 활용되는 피츠의 법칙Fitts' Law은 '목표물에 닿기까지의 시간은 목표물의 크기와 목표물까지의 거리에 따라 결정된다'라는 내용이다. 운동 시스템을 활용하려면 피츠의 법칙에 따라 두 가지 요소를 고려해야 한다.

- **목표물의 크기**: 버튼을 더 크게 만든다.
- **목표물까지의 거리**: 마우스(또는 손가락)가 이동하는 거리를 줄이기 위해 화면 구성이나 동작 구성을 최적화한다. 마우스 포인터가 있는 곳에 기능 버튼이 나타나게 만들 수도 있다. 이 경우에는 목표물까지의 거리를 계산할 필요가 없다.

데스크톱이든 스마트폰 같은 터치형 인터페이스든 디자인의 기본 원리는 똑

같다. 그러나 '드래그 앤드 드롭drag and drop' 같은 기능은 마우스로는 자연스럽게 사용할 수 있어도 터치형 인터페이스에는 부적절할 수도 있다. 화면에 손가락을 문지르는 촉감이 때로는 불쾌하게 느껴질 수도 있기 때문이다.

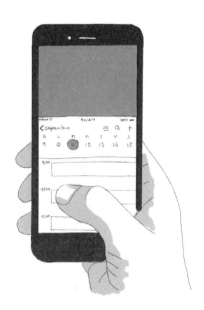

엄지손가락 내비게이션

스마트폰은 운동 시스템과 관련하여 또 다른 문제를 제기한다. 스마트폰은 상대적으로 화면이 작기 때문에 '목표물까지의 거리'를 신경 쓰지 않아도 된다고 생각할 수 있지만 실제 사용 양상은 다르다. 달리는 지하철에서 한 손으로 스마트폰을 조작하는 경우가 많지 않은가.

그동안 스마트폰 화면은 점점 커졌지만, 우리의 손가락은 길어지지 않았다! 그래서 한 손으로 스마트폰의 모든 화면을 터치하기가 힘들어진 것이다. 이에 애플은 홈 버튼을 두 번 터치하면 화면 전체가 아래로 내려오는 기능을 만들었다. 운동 시스템을 고려한 디자인의 전형적인 예시라 할 수 있다.

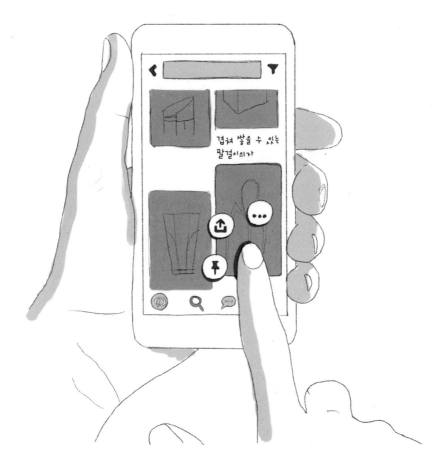

이미지 안 손글씨: 겹쳐 쌓을 수 있는 팔걸이의자

이동 거리 줄이기

핀터레스트의 애플리케이션에서는 이미지를 클릭하면 손가락 근처에 3개의
버튼이 뜬다. 이는 이동 거리를 거의 없앤 것으로, 피츠의 법칙을 적용한 예시라
할 수 있다. 손가락 바로 옆에 메뉴가 뜨는 iOS의 3D 터치 기능과 윈도우의 마우
스 오른쪽 버튼 클릭 기능도 피츠의 법칙을 적용한 대표적인 예시라 할 수 있다.

상징적 동작

이전에는 없던 새로운 동작을 제안하는 애플리케이션도 있다. 틴더^{Tinder}라는 모임 애플리케이션은 사진 한 장 한 장을 전체 화면 모드로 보여준다. 사용자는 사진이 흥미로우면 오른쪽으로 스와이프^{swipe}(밀기)하고, 흥미가 없으면 왼쪽으로 스와이프한다. 스와이프는 매우 직관적인 동작으로 틴더의 상징이 되었고(다른 애플리케이션에서 모방할 정도다), 대중에게 틴더라는 애플리케이션을 각인시키는 데 큰 역할을 했다.

알맞은 때에 알맞은 시스템 활용하기

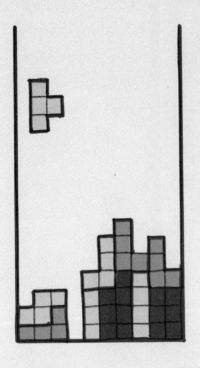

캘리포니아 대학교에서 발표한 논문 〈행동의 인식적 이점, 테트리스에 관한 사례 연구〉를 보면 테트리스 게임을 할 때 작동하는 인간의 정보 처리 시스템에 대한 놀라운 결과를 확인할 수 있다.

플레이어는 새로운 테트리스 블록이 떨어질 때마다 블록을 오른쪽 또는 왼쪽으로 이동시키거나 회전시키거나 떨어뜨릴 수 있다. 테트리스를 잘하는 사람들은 머릿속에서 블록의 회전을 시뮬레이션해본 뒤 실행에 옮기는 두뇌 회전이 빠른 사람들이라고 생각할 수도 있겠지만 실상은 다르다. 그들은 마우스를 매우 빠르게 클릭해 블록을 이동, 회전시키면서 블록이 알맞은 모양이 되었는지 눈으로 직접 확인하는 전략을 쓴다. 매우 빠르고 에너지 소모가 거의 없는 지각 시스템의 특성을 활용하는 것이다.

행동을 사고 프로세스에 포함하는 이 전략은 꽤 효과적이다. 지각 시스템과 운동 시스템을 함께 활용하면 행동을 실행하기 전에 시뮬레이션하는 것보다 훨씬 더 효율적이다. 인간 중심 인터페이스는 바로 이런 원리를 바탕으로 한다. 시각화 기법과 시도-실수의 학습 과정을 활용하는 인터페이스는 인지 시스템의 부담을 덜어준다.

인간과 기계의 협력

정리되지 않은 방대한 데이터의 분석과 인공지능을 바탕으로 하는 인지 정보학cognitive informatics은 인간의 뇌 기능을 흉내 내 확률에 근거한 솔루션을 제안하는 학문이라 할 수 있다. 인지 정보학은 '협력에 기반한 인간과 기계의 상호작용'이라는 새로운 패러다임의 토대를 제공했다. 인간과 기계는 이 새로운 공생 관계에서 각자의 장점을 살리고 서로 협력함으로써 최선의 결정을 내릴 수 있게 되었다.

인간의 역할	기계의 역할
해결해야 할 문제 선정	방대한 정보 처리(수백만 개의 자료)
전문 지식을 활용하여 분석에 필요한 데이터 선정	적절하지 않은 정보를 배제하고 적절한 정보 간의 관련성 파악
결정에 필요한 분별력과 가치 판단	근거와 함께 솔루션 제시

인간과 기계의 협력은 사용자 경험에 큰 영향을 미쳤다. 수많은 혁신 기술(질병 진단, 테러 방지 등)이 등장하는 계기를 마련해주었고, 한편으로는 생활 속의 상호작용 방식(자연어 음성 인식, 주도성proactive, 사용자 요구 파악 등)을 바꿔놓았다. 예를 들어, 인간과 기계의 협력으로 페이스북 메신저, 스카이프, 슬랙Slack과 같은 기존의 메신저에 챗봇이 등장했다. 연락처 리스트에서 챗봇을 선택하면 회사 동료와 이야기하듯 챗봇과 자연어(인간의 일상 언어)로 대화할 수 있다.

알렉사[Alexa], 코타나[Cortona], 시리[Siri], 구글 홈[Google Home] 같은 AI 비서는 음성 인식 기능을 통해 사용자의 작업 부담을 덜어준다. 사용자는 애플리케이션을 실행하거나 웹사이트를 탐색 및 검색할 필요가 없다. 질문만 하면 음성 인식 시스템이 답을 해주기 때문이다. 그야말로 다양한 이점을 누릴 수 있다.

그렇다면 UX 디자인은 더 이상 필요하지 않은 걸까? 그럴 가능성은 매우 희박하다. 인터페이스 디자인은 줄었지만 UX 디자인은 오히려 늘었다. 이제 짧은 문답과 지속적인 피드백을 기본으로 하는 새로운 형태의 상호작용 방식이 요구된다. 새로운 방식은 감정적 대화를 포함한 모든 종류의 대화를 처리할 수 있어야 한다.

감정을 어떻게 인간과 기계의 상호작용에 적용할 수 있을까?

다음 장에서 이 질문에 대한 답을 찾아보도록 하자.

요점 정리

인간 능력의 한계를 고려한 최적의 인터페이스를 디자인하려면 인간의 세 가지 정보 처리 시스템을 활용해야 한다.

목표	지각 시스템 활용하기	인지 시스템 활용하기	운동 시스템 활용하기
방법	게슈탈트 이론에 입각하여 시각적 명료함 달성 · 대비 효과 · 유사성 · 근접성	· 익숙한 시스템을 통해 이해하는 인지적 프로세스 활용 · 시스템 2보다 시스템 1을 활용	· 육체적 노력(마우스 이동과 클릭)을 줄임 · 머리 쓸 필요를 줄임
결과	시각적 수고를 덜어줌	신경 세포의 수고를 덜어줌	움직이는 수고를 덜어줌

맥 컴퓨터 부팅 시 등장하는 해피 맥 아이콘은 모든 실행 준비를
성공적으로 마쳤다는 신호다. 하루가 잘 시작되었다는 뜻!

7장
감정을 만들고 이야기를 담아라

앞서 유용성과 사용성은 인간 공학의 핵심 개념이라는 사실을 이야기했다. UX 디자인은 여기서 한 차원 더 전진한다. 바로 인간의 감정을 활용하는 것이다. 우리는 일상 속에서 이성적인 결정만을 내리지는 않는다. 흡연을 하고, 과속을 하고, 값비싼 차를 사고, 단것을 많이 먹는다. 우리는 감정에 지배되는 존재다.

이 장에서는 인간의 감정을 적극 활용하는 UX 디자인 전략에 대해 알아볼 것이다.

정서적 디자인으로 감정 일으키기

MIT에서 전기 공학을 전공하고 하버드 대학교의 포스트 닥터(박사 후 과정)를 취득한 도널드 노먼Donald Norman은 엔지니어와 인지 과학을 연결한 장본인이다. 그는 사용자 중심 디자인 개념을 탄생시킨 대부 중 한 명이며, 애플에 재직할 당시 처음으로 '사용자 경험 아키텍트UX architect'란 직함을 사용했던 인물이기도 하다. 노먼은 제품의 매력이 제품 사용의 핵심이라는 생각을 전파했다. 그는 이렇게 말했다.

"매력적인 것이 더욱 잘 통한다."

실제로 매력적인 디자인을 만나면 기분이 좋아진다. 매력적인 제품은 우리의 창의력을 자극해 문제 상황을 해결할 수 있도록 이끈다. 정서적인 인터페이스가

더 효율적인 이유다.

노먼의 생각은 순수한 기능을 중시하는 엔지니어들의 접근법과는 확연히 달랐다. 그는 매력적인 디자인으로 차별화될 수 있는 제품 예시를 들어 자신의 생각을 입증했으며, 제품과의 상호작용 과정에 '기쁨'과 '매혹'이라는 개념을 추가했다.

세 가지 정서적 반응

도널드 노먼에 의하면 제품을 대하는 인간의 정서적 반응은 세 가지 유형(본능적, 행동적, 반성적)으로 나뉜다. 이 세 가지 반응을 모두 이끌어낸다면 좋은 디자인이라 할 수 있다.

1. 본능적 반응

제품에 대한 사용자의 첫인상(주로 시각적)과 관련된 것이다. 강렬한 첫인상은 사용자의 흥미를 유발하고 제품과의 상호작용 욕구를 불러일으킨다. 사용자는 제품의 외양에 매료되어 제품을 만져보거나 제품과 상호작용하고 싶은 욕구가 생긴다.

2. 행동적 반응

상호작용이 이루어질 때 느끼는 감정이다. 사용자가 제품과 상호작용할 때 자신도 모르는 사이 주도권을 쥐고 있거나 작업 능률이 오른다고 느낀다면 행동적 반응을 잘 이끌어낸 것이다. 제품의 디테일은 상호작용을 원활하게 만들며 사용자의 만족도를 높인다.

3. 반성적 반응

행동적 반응보다 더 무의식적인 반응이다. 사용자가 제품을 사용할 때 다른 사람들에게 투영하는 이미지라고 볼 수 있다. 예를 들어, 시간을 보는 용도로 1,800만 원짜리 손목시계를 구매하는 사람은 없다. 명품 시계를 수집하거나, 사회적 지위를 과시하려는 의도 혹은 '내가 구매한 시계'와 그 시계를 사용하는 '나'에 대한 사람들의 평가를 기대하고 구매하는 것이다. 이 경우, 제품의 디자인과 스토리텔링이 매우 중요한 역할을 한다.

스마트 온도조절기 '네스트^{Nest}'는 인간의 세 가지 감정을 고려한 대표적인 제품이다.

- 네스트의 외양은 깔끔하고, 세련되었으며, 미래 지향적이다. 영화 〈2001 스페이스 오디세이^{2001 A Space Odyssey}〉의 인공지능 컴퓨터 '할^{HAL}'이 떠오르며 만져보고 싶은 마음이 든다.
- 제품의 디테일에 엄청난 신경을 썼다. 예를 들어 네스트는 사용자가 방에 들어가는 순간부터 바로 작동하도록 디자인되었다. 학습 알고리즘을 갖춘 네스트는 사용자의 욕구를 예측하기 때문에 매번 온도를 직접 조절할 필요가 없다.
- 네스트는 최초의 스마트홈 기기다. 따라서 네스트 사용자는 환경에 대한 책임의식을 가진 얼리어답터로 인식된다. 또한 네스트는 좋은 대화 주제가 된다.

제품의 페르소나

이메일 마케팅 서비스 업체 메일침프^{MailChimp}의 수석 디자이너 애런 월터^{Aarron} ^{Walter}는 자신의 저서 《감성 디자인^{Design for Emotion}》을 통해 메일침프의 페르소나를 설명했다. 그의 설명에 따르면, 페르소나는 감정의 창구와도 같다. 메일침프의 경우, 다음과 같은 원칙에 기반하여 페르소나를 설정했다.

1.호감을 주는 외모

프레디 폰 침펜하이머 4세^{Freddie Von Chimpenheimer IV}는 메일침프의 정체성을 나타내는 상징적 마스코트다. 프레디의 만화풍 외모는 친근감이 느껴지지만 역동적인 몸짓과 복장을 통해 일하고 있다는 것도 알 수 있다.

2.상황에 따라 변하는 어조

프레디는 친근하고 다정한 말투를 사용하며 '사람 좋은' 농담도 곧잘 하지만 진지함이 필요한 상황에서는 어조를 바꾼다. 그는 허물없는 말투를 사용하고 인간을 흉내 내며 "음……"과 같은 감탄사를 쓰기도 한다. 프레디는 사용자의 작업 수행에 대해 기계적 피드백과 조언을 일절 하지 않고, 통계 자료를 보여주지도 않는다. 그는 정서적 기능을 수행하는 애플리케이션 이상의 존재라 할 수 있다.

3.단순하고 경쾌한 그래픽

밝고 가벼운 색채를 사용해 프레디의 유쾌하고 익살스러운 성격을 표현했다. 고딕체로 쓰인 메시지를 통해 프레디의 순박한 성격을 짐작할 수 있다. 이는 가벼운 구성으로 인터페이스에 따뜻하고 인간적인 느낌을 주는 플랫 디자인^{flat} ^{design}(복잡한 그래픽 효과를 배제하고 단순한 색상과 구성을 통해 직관적 인식이 가능하도록 만드는 디자인)에 가깝다.

4.뜻밖의 즐거움

프레디는 상황에 따라 다양한 방식으로 방문자를 반기며 재미있는 활동을 제안한다. 사이트 내에 숨겨진 부활절 달걀을 찾으러 떠나자고 제안하는 식이다. 프레디가 제안하는 '뜻밖의 즐거움'은 SNS를 통해 입소문이 나 브랜드 호감도를 폭발적으로 끌어올렸다. 뜻밖의 즐거움은 사용자들이 다음을 기대하게 만들기 때문에 제품 충성도를 높이기도 한다. 구글이 주기적으로 사이트의 메인 페이지 디자인을 바꾸는 전략을 사용하는 이유도 바로 이 때문이다.

프레디 폰 침펜하이머 4세. 인터페이스 디자이너 존 힉스[Jon Hicks]가 만든
메일침프의 마스코트다. 몸에 비해 큰 머리가 매우 매력적이다.

핵심 개념 인공지능 페르소나

인상적인 몇 가지 사례를 소개한다. 2017년, 소프트뱅크 로보틱스SoftBank Robotics가 개발한 로봇 '페퍼Pepper'는 1만 개 이상의 판매를 기록했다. 다목적 로봇인 페퍼는 대화 상대의 감정 상태를 감지해 알맞은 대답을 할 줄 안다. 어린이 정도로 작은 로봇의 키는 친근감과 호감을 불러일으켜 고객 응대와 상담에 주로 사용되었다.

같은 해, 스타트업 옵팀데이터OptimData는 인지 정보학의 원리를 산업용 기계에 접목시키며 산업 정보학 분야에 혁신을 가져왔다. 생산 라인에 배치된 이 산업용 로봇은 라인의 성능을 분석하고, 문제를 발견하면 담당 기술자에게 마치 동료처럼 메시지를 보낸다. '이봐, 지난 12시간 동안 라인이 5번이나 갑자기 멈췄어. 나 보러 언제 올 거야?'와 같이 말이다.

2017년 7월, 아마존이 개발한 AI 음성 인식 비서 알렉사는 외부 개발자들이 만들어 공유하는 스킬(새로운 기능)의 개수가 1만 5,000개를 넘어섰다[*]. 알렉사는 새로운 스킬을 통해 새로운 목소리와 표현을 학습하며 능력의 범위를 확장했고, 알렉사의 페르소나도 진화를 거듭했다. 페이스북 메신저의 '봇[Bot]'은 현재 10만 개를 넘어섰고, 이에 비교할 수준은 아니지만 기업용 메시징 애플리케이션 '슬랙[Slack]' 또한 300개 봇이 활동하고 있다[**]. 이제 우리가 사용하는 대부분의 메신저에는 로봇이 활동하고 있다. 좋든 싫든, 이미 혁명은 시작되었다.

아이러니하게도, 로봇의 첫인상이 사람과 유사해 보일수록 사용자의 기대감이 커진다. 그러나 사용자는 시스템의 한계를 발견하는 순간 속았다고 생각하며 실망하게 된다[***]. 영화 〈아이언맨[Iron man]〉에 등장하는 토니 스타크[Tony Stark]의 로봇 비서 '자비스[Jarvis]'나 영화 〈그녀[Her]〉의 '사만다[Samantha]'처럼 AI가 사용자의 진짜 의도를 파악하는 능력을 갖추려면 아직 기술적으로 넘어야 할 산이 많다. 그러나 그런 능력이야말로 우리가 UX 디자인으로부터 기대하는 것이다. 그날이 오기를 기다리며, 인간과 기계의 커뮤니케이션을 원활하게 하는 UX 디자인의 전략을 살펴보도록 하자.

[*] https://techcrunch.com/2017/07/03/amazons- alexa-passes-15000-skills- up-from-10000-in- february/
[**] https://venturebeat.com/2017/04/18/facebook-messenger-hits-100000-bots/
[***] https://www.wired.com/2017/05/surprising-repercussions-making-ai-assistants-sound-human/

마이크로 인터랙션으로 사용자 참여 강화하기

두 사람이 대화할 때 시선, 표정, 제스처 등 비언어적 신체 언어는 커뮤니케이션의 상당 부분을 차지하며 대화를 풍성하게 만든다. 1세대 애플리케이션은 차갑고 기계적이며 빈약한 커뮤니케이션 경험만을 제공했다. 반면, 마이크로 인터랙션^{micro interactions}은 따뜻한 커뮤니케이션, 나아가 기쁨을 주는 커뮤니케이션을 제공한다. 인터랙션 디자인 디렉터 댄 새퍼^{Dan Saffer}는 자신의 저서 《마이크로인터랙션^{Microinteraction}》을 통해 '마이크로 인터랙션은 커뮤니케이션의 순간들이다'라고 설명했다. 마이크로 인터랙션은 일반적인 인터랙션의 기본 요소(트리거^{trigger}, 룰^{rules}, 피드백^{feedback})를 갖추고 있지만, 더욱 한정적인 범위에 집중한다. 예를 들어, 사용자가 키보드로 비밀번호를 입력할 때의 인터랙션이 있다.

시스템이 활발한 반응성을 보이면 인간과 기계의 상호작용이 잘 이루어지고 있다는 느낌이 강화된다.

메일침프는 회원 가입 양식에 마이크로 인터랙션을 적극 활용하여 즐거운 인
터랙션 경험을 선사하고, 사용자의 작업 부담을 덜어주고 있다.

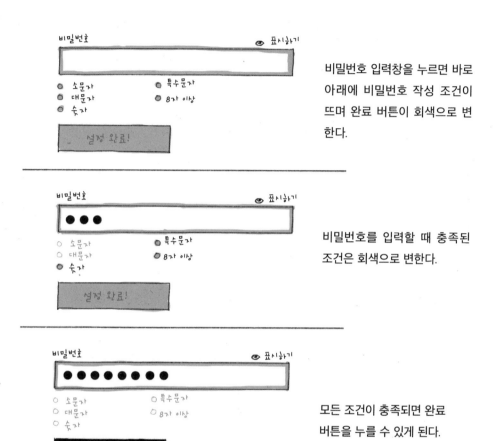

비밀번호 입력창을 누르면 바로
아래에 비밀번호 작성 조건이
뜨며 완료 버튼이 회색으로 변
한다.

비밀번호를 입력할 때 충족된
조건은 회색으로 변한다.

모든 조건이 충족되면 완료
버튼을 누를 수 있게 된다.

즐거운 인터랙션 경험 만들기

오래전부터 존재했던 인류의 활동, 놀이의 유일한 목적은 기분을 전환하고 무료함을 달래는 것이다. 심리학자 장 피아제^{Jean Piaget}는 규칙과 상황을 통해 현실을 이해할 수 있는 놀이는 아동 발달에 꼭 필요한 요소라고 설명했다. UX 디자인에서도 놀이의 역할은 분명하다. 놀이는 인터페이스 학습을 용이하게 하고 즐거운 인터랙션 경험을 만든다.

놀이는 이루고자 하는 목표, 어려움 또는 노력과 관련된 도전 과제, 놀이 주체에게 동기부여가 되는 보상(점수, 선물, 보너스, 트로피 등)으로 구성된다.

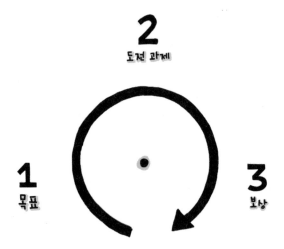

게임화^{gamification} 전략은 다른 부문에 게임의 원리를 적용한 것이다. 그리고 이는 오래전부터 마케팅 기법으로 활용되어왔다. 예를 들어, 항공사에서는 회원들이 멤버십 프로그램을 즐기면서 이용하도록 마일리지 적립 제도를 운영한다.

모바일 메신저 스냅챗Snapchat은 커뮤니케이션을 놀이로 인식하도록 만들어 다른 SNS 애플리케이션보다 훨씬 더 적극적으로 사용자의 참여를 유도한다.

- 빠르고 재미있게 사진을 공유하고 사진에 다양한 필터를 적용할 수 있는 시스템으로, 문자를 사용하지 않고도 감정을 전달할 수 있게 해준다.
- 새로운 기능을 사용할 때마다 자물쇠 잠금이 해제되며 트로피가 등장한다. '전문 기술'을 습득할 때마다 보상을 주는 방식이다.
- 암묵적인 룰도 있다. 친구에게 매일 스냅snap을 보내면 채팅창의 불꽃 모양이 유지된다. 이 불꽃 모양을 '스냅 스트리크snap streak'라 부르며('불꽃처럼 열정적'이라는 의미), 스트리크 옆에는 스냅을 보낸 연속적 일수(점수)가 나타난다. 하루라도 스냅을 거르면 이 숫자는 '0'으로 바뀐다. 2017년 8월 기준 가장 높은 기록은 무려 827일이었다고 한다.

스냅챗은 사용자 경험을 중심으로 재미와 놀이라는 요소를 끌어들여 유희적이고 감성적인 새로운 커뮤니케이션 방식을 만들어냈다. 또한 그로 인해 스냅챗은 수십억 달러 가치를 가진 기업으로 성장하게 되었다.

훅 모델

사람들이 하루에 150번도 넘게 휴대폰을 보는 이유는 무엇일까? 인스타그램에 사진을 올리는 이유는? 궁금한 것이 생길 때마다 구글에 검색을 해보는 이유는? 니르 이얄Nir Eyal이 제시한 훅Hooked 모델 이론은 바로 이런 의문에서 출발했다. 이얄은 소비자심리학, 행동경제학, 인간간 기계의 간 상호작용 분야를 넘나들며 인간의 습관이 형성되는 메커니즘을 오랫동안 연구했다.

훅 모델은 다음 4단계의 패턴이 반복된다.

1단계: 계기

계기란 제품을 사용하고픈 욕구를 만드는 자극 요인으로, 외부적 계기(광고, 게시글을 올리는 친구, 알림 기능 등)와 개인의 내부적 계기(감정, 기분, 문제점, 충족되지 못한 욕구)가 있다.

2단계: 행동

사용자의 행동을 유도하기 위해서는 인간공학을 십분 활용해 사용자가 수행할 일을 단순화해야 한다. 예를 들어, 아이폰에서는 화면 잠금 상태에서도 스와이프 한 번으로 카메라를 열어 사진을 찍을 수 있다. 또한 페이스북이나 구글로 로그인하면 각 사이트에 일일이 가입해야 하는 번거로움을 피할 수 있다.

3단계: 가변적 보상

신경 과학 분야 연구들을 통해 알 수 있듯, 가변적 보상은 예측 가능한 보상보다 훨씬 더 강력한 중독성이 있다. 우연성에 기반한 놀이가 중독성이 강한 이유도 바로 이 때문이다. 가변적 보상에는 세 가지 유형이 있다.

- **종족 보상**: SNS상의 흥미로운 게시글은 '좋아요'로 보상받음
- **수렵 보상**: 스크롤을 한참 동안 내려 마침내 마음에 드는 트윗을 발견함
- **자아 보상**: 메일함의 모든 메일을 정리했을 때의 뿌듯함

4단계: 투자

시간을 투자한 제품에는 충성도가 높다. 시간을 투자함으로써 해당 제품에 대한 전문 지식(제품을 다루는 법)을 얻었을 뿐 아니라, 그 제품을 통해 가치(플레이리스트, 사진, 팔로어, 프로필, 명성 등)를 저장했기에 경쟁사 제품으로 갈아타면 포기해야 할 것이 많기 때문이다. 이처럼 훅 모델의 마지막 단계는 사용자를 '일하게' 하여 제품에 대한 충성도를 높이는 단계라고 볼 수 있다.

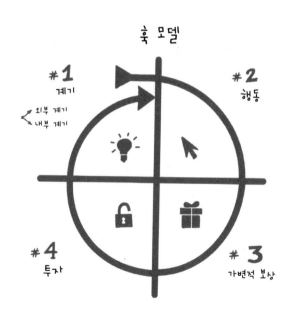

애니메이션 효과로 생동감 불어넣기

애니메이션의 동사형 'animate'는 '생명력을 불어넣는다'라는 뜻의 라틴어 '아니마레animare'에서 왔다. 즉, 인터페이스를 'animate' 하는 것은 생명력을 불어넣는다는 뜻이다. 1981년, 디즈니 스튜디오의 수석 애니메이터 올리 존스턴Olie Johnston과 프랭크 토머스Franck Thomas는 《삶의 환상The Illusion of Life》이라는 그야말로 환상적인 저서를 발표했다. 이 책은 애니메이션에서 물체에 생동감, 표정, 움직임을 부여할 수 있는 12가지 법칙에 대해 설명한다. 그리고 이 법칙들은 인터페이스 디자인에도 동일하게 적용할 수 있다.

다음은 일정한 속도의 선형적 움직임을 표현해놓은 것으로, 매우 기계적인 느낌을 준다.

선형적 움직임

슬로우 인&슬로우 아웃slow in&slow out 법칙을 적용하면 물체의 움직임은 시작할 때 점점 빨라졌다가 끝으로 갈수록 점점 느려진다. 물체의 물리적 한계를 잘 반영했기 때문에 훨씬 자연스럽게 느껴진다.

슬로우 인&슬로우 아웃

잘 만든 애니메이션 효과는 현실 세계의 물리적 움직임을 똑같이 또는 더욱 과장되게 모방함으로써 몰입도를 높이고, 애플리케이션의 페르소나를 만들기도 한다. 애니메이션 효과는 물리적 법칙(가속도, 탄성, 중력, 전파 등)을 활용하거나 인간의 움직임을 흉내 냄으로써 상호작용의 몰입도를 높인다.

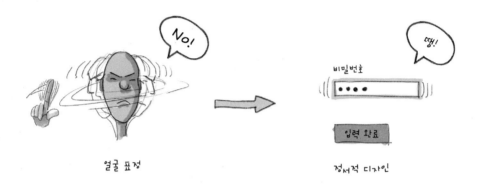

얼굴 표정   정서적 디자인

맥 운영 체제^{OS}에서는 비밀번호를 잘못 입력하면 마치 "아니요"라고 말하며 고개를 젓는 것처럼 입력창이 좌우로 흔들린다.

애니메이션 효과는 유익하며 정보를 전달할 수 있어야 한다. 이 때문에 애니메이션을 디자인하는 일은 장인 정신이 요구된다. 액션에 적합한 모션을 만들어야 함은 물론이고, 모션 간의 전체적 조화를 고려해야 하는 섬세한 작업이기 때문이다.

이야기 담기

'팝니다: 아기 신발.
한 번도 신지 않음.'

— 어니스트 헤밍웨이

1920년, 맨해튼의 루쇼스^{Lüchow's} 식당에서 일어난 일이다. 어니스트 헤밍웨이 Ernest Hemingway는 친구들에게 단 6개의 단어로 소설 한 편을 지어보겠다고 말했다. 그리고 자신의 말을 믿지 않는 친구들에게 10달러씩 돈을 걸라며 내기를 제안했다. 그로 인해 역사상 가장 짧은 소설이 탄생했고, 헤밍웨이는 친구들이 건 돈을 모두 가져가게 되었다. 그는 이렇게 적었다.

'For sale: Baby shoes. Never won(팝니다: 아기 신발. 한 번도 신지 않음).'

단 6개의 단어로 완성된 하나의 이야기는 '아기에게 무슨 일이 일어났을까?' 라는 궁금증을 유발하며 상상력을 자극한다.

여러분의 제품은 어떤 이야기를 담고 있는가?

이야기는 왜 필요할까

스토리텔링은 이야기 형태로 정보를 구성하는 것이다. 인간의 뇌는 이야기를 좋아하는데, 시각적 장면 속에서 특정 형태를 인식하고 그 형태의 의미를 알아낸다. 그리고 같은 방식으로 이야기의 반복되는 구조와 플롯을 파악한다. 〈스타워즈Star wars〉와 같은 클래식한 대서사시에서 〈반지의 제왕The Lord Of The Rings〉까지, 수많은 이야기 속에는 5막 구조(발단, 상승, 절정, 하강, 결말)가 숨어 있다.

우리의 뇌는 호르몬을 분비해 이야기의 각 상황에 맞는 감정(스트레스, 행복 등)을 느끼게 한다. 우리는 이야기를 통해 간접 경험을 하고 세상을 이해하며, 특히 인간관계에 대한 통찰력을 얻는다. 또한 이야기는 감정적인 몰입을 이끌어내 집중력과 기억력을 향상시킨다.

따라서 스토리텔링은 훌륭한 커뮤니케이션 도구이자 학습 도구이며, 훌륭한 UX 디자인 도구이기도 하다.

인터랙티브 스토리텔링

영화와 UX 디자인의 스토리텔링은 그 형식은 다르지만 유사한 부분이 많다.

영화	UX 디자인
인물	페르소나
시나리오	사용자 스토리
스토리보드	사용자 여정
프레이밍framing	와이어 프레임
소품과 의상	디자인의 시각적 요소
대사	워딩wording — 카피라이팅
특수 효과	애니메이션과 마이크로 인터랙션
전통적인 스토리텔링	인터랙티브 스토리텔링

영화 도구와 기법은 UX 디자인에도 자연스럽게 적용된다. 둘 다 결국 미장센
(프랑스어로 '연출'을 뜻하는 'mise-en-scène'에서 시작된 단어로, 연출·배치·구성 등의 총체적인 계획을 말함)을
하는 일이기 때문이다.

사용자를 스토리 주인공으로 만들기

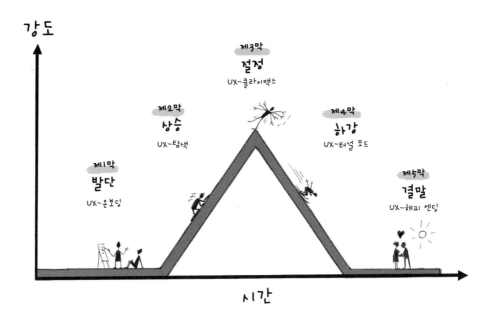

소설가 구스타프 프라이타크 Gustav Freytag의 플롯 피라미드.
이야기의 극적 강도를 보여준다. 꼭대기에는 클라이맥스가 있다.

주요 시퀀스 sequence(서로 연관된 작은 사건들이 연쇄되어 이루어지는 내용상의 단위)를 편집해 하나의 영화 시나리오를 만들듯, UX 디자인 역시 영화적 기법을 사용해 사용자를 주인공으로 만들고, 기억에 남는 경험을 선사할 수 있다. 물론, 영화 기법을 곧이곧대로 적용하라는 뜻은 아니다. 다만, 상황에 따른 인터페이스와 사용자의 감정 상태는 영화의 시퀀스에 비견될 만하다.

제1막: 발단/UX-온보딩

영화의 처음 몇 분은 도입부의 상황과 배경, 인물을 소개하는 데 할애된다. 이를 UX 디자인에 적용해보면, 이제 갓 설치된 애플리케이션은 단 몇 초 만에 사용자를 설득해야 한다. 그렇지 못하면 삭제될 수 있기 때문이다. 다시 말해, 이야기가 끝나버리는 것이다.

온보딩onboarding 기법은 사용자가 애플리케이션을 처음 사용할 때 적용된다. 제품 효용(어디에 쓰이는가?)과 작동법(어떻게 작동하는가?)을 소개하며 사용자의 관심을 사로잡을 수 있어야 한다.

온보딩 기법

그래픽 위주의 연속된 2~3개 화면으로 구성된다. 텍스트는 최소화하고(한 화면에 한 줄 정도) 애플리케이션의 효용성과 연관된 필수적인 정보만 제공한다.

인터페이스의 주요 기능을 설명하며 주의를 끌고, 짧은 문장으로 작동법을 설명한다.

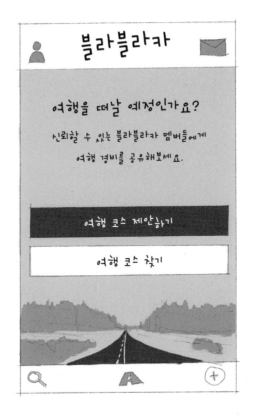

블라블라카^{BlaBlaCar}의 첫 화면은 애플리케이션의 가치를 제안하며 두 가지 주요 기능을 경험할 수 있는 2개의 옵션을 보여준다. 눈길을 끄는 배경 화면과 짧은 텍스트가 여행을 시작해보라고 권유하는 듯하다.

제2막: 상승/UX-탐색^{navigation}

전통적인 플롯에서 제2막은 주인공의 모험이 시작되는 부분이다. 주인공은 목표를 설정하고 그 목표를 향해 나아간다. 그리고 UX 디자인에서 우리의 주인공(페르소나)은 바로 사용자다. 사용자는 목표를 향해 다소 선형적으로 나아가기 때문에 UX 디자이너는 그들에게 콘텐츠에 접근할 수 있는 다양한 방식을 제안해야 한다.

예시

- **대문 페이지:** 웹사이트의 다양한 콘텐츠에 접근하는 통로를 시각화한 것으로 사이트의 주요 페이지에 접근하도록 이끈다.
- **내비게이션 바:**는 콘텐츠의 분류 방식을 보여준다. 이는 햄버거와 닮았다고 하여 '햄버거 메뉴 버튼'이라고도 불린다.
- **푸터**^{footer}: 일반적으로 페이지 하단에 배치하며, 사용자를 다음 콘텐츠로 자연스럽게 유도한다.
- **검색 엔진:** 콘텐츠에 빠르게 접근할 수 있도록 돕는다.

웹 네비게이션 디자인은 사용자가 원하는 행동을 실행할 수 있도록 이끌고 보조한다. 사용자는 원하는 행동을 실행에 옮길 때 감정이 고조된다. 즉, 클라이맥스 단계에 도달하는 것이다.

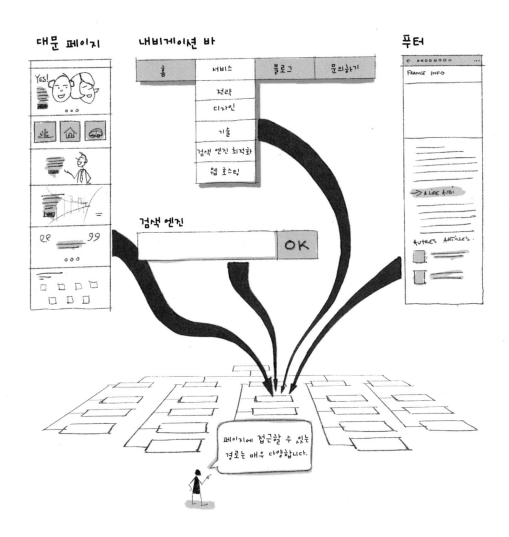

제3막: 절정/UX-클라이맥스

클라이맥스는 이야기의 긴장감이 최고조가 되는 부분이다. UX 디자인에서의 클라이맥스는 사용자가 행동(예: 구매 버튼을 누르는 행위)을 실행하는 순간이다. 사용자의 행동은 웹사이트의 존재 이유이기도 하다. UX 디자인에서는 사용자의 행동을 장려하기 위해 스트레스 전략과 안심 전략을 사용한다.

스트레스 전략	안심 전략
스트레스 전략은 소비자의 긴장감을 고조시킨다. 호텔 예약 사이트를 예로 들면, 검색 결과 목록과 상품 설명 페이지가 화면을 차지하면 소비자는 스트레스를 받는다.	안심 전략은 반대로 소비자를 안심시키고 의심을 거두게 하는 것이다.
• 긴박감: 카운트다운을 하며 특별가 또는 혜택 기간이 얼마 남지 않았음을 알린다. '누군가 한 시간 전에 동일한 객실을 예약했습니다'라고 강조할 수도 있다. • 희소성: '객실이 1개밖에 남지 않았습니다', '암스테르담 숙소 89%가 이미 예약 완료되었습니다', '가능하면 날짜를 바꿔 검색해보세요' 등 • 경쟁심: '이 객실을 현재 3명이 보고 있어요.'	• 호텔의 경우, 등급이나 고객들의 평가 점수와 이용 후기 • 안심 결제 • 상품에 만족하지 못한 경우 환불 가능, 15일 이내에 반품 가능, 매장에서 교환 가능 등 • 배송비 무료, 클릭 앤 콜렉트click and collect(온라인으로 주문한 뒤 오프라인으로 픽업하는 것)

위 두 가지 전략을 함께 사용하면 사용자의 행동을 이끌어내 단순 방문객을 진짜 고객으로 만들 수 있다.

설득의 기술

사회심리학자 로버트 치알디니^{Robert Cialdini}는 자신의 베스트셀러《설득의 심리학^{Influence: science and practice}》을 통해 과학적으로 검증된 여섯 가지 설득의 원칙을 소개했다.

상호성	희귀성	권위
선물을 받으면 무의식적으로 마음의 빚을 지게 된다. ➜ 물건을 판매할 때 누구보다 먼저 선물을 제공한다.	희귀해 보이는 것이 더 매력적이며 구매를 부추긴다. ➜ 제품의 희귀성을 만들어낸다(바겐세일, 특별 혜택, 제품의 고유한 강점 등).	신뢰할 만한 전문가의 의견을 따르는 경향 ➜ 학위를 공개하거나 전문성을 상징하는 유니폼을 입는다. 관련 분야의 권위 있는 제삼자로 하여금 제품을 소개하도록 한다.
일관성	호감	사회적 근거
과거의 결정에 대한 일관성을 유지하고 싶은 마음 ➜ 우선 작은 약속을 하도록 유도한 뒤 두 번째 만남에서는 보다 큰 요청을 한다.	좋아하는 것에 대하여 "Yes"라고 말하는 심리 ➜ 대상과의 유사점을 찾고 대상을 칭찬한다.	불확실한 상황에서는 다른 사람들의 행동을 따른다. ➜ 인기 제품을 보여준다.

UX 디자이너 해리 브링널^{Harry Brignull}은 자신의 다크 패턴 홈페이지^{darkpatterns.org}를 통해 이와 관련된 방대한 자료를 공개했다. 다크 패턴^{dark pattern}이란, 웹 인터페이스나 애플리케이션상에서 사용자를 속여 제품 구매, 사이트 가입 등을 하도록 만들거나 구독 취소를 어렵게 만드는 UI를 가리킨다. 이는 UX 디자인의 암면이라 할 수 있다.

제4막: 하강/UX-터널 모드

사용자가 일단 목표(예: 원하는 상품을 발견하고 장바구니에 담음)를 달성하면 이야기의 흐름이 바뀐다. 이를 '터널 모드'에 진입했다고 한다. 이전까지가 자유 탐색 모드였다면, 이후부터는 안내에 따라 탐색을 하게 된다.

이때부터는 사용자가 무사히 주문을 완료할 수 있도록 한 단계 한 단계를 안내해야 한다. 사용자의 노력이 적게 들어갈수록 구매를 포기할 위험이 줄어들며, 전환conversion(방문자가 마케팅의 목적이 되는 행위를 하는 것)을 기대할 수 있다. 방문자가 한 단계에서 다음 단계로 넘어가는 과정을 마이크로 전환micro-conversion이라 부르며, 각단계를 제대로 끝내지 못한 잠재 고객을 잃을 위험성은 언제나 도사리고 있다.

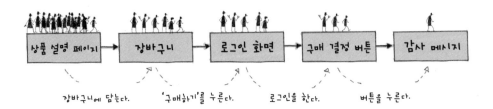

UX 디자인의 대부 제러드 스풀은 컨설팅을 요청한 한 기업에게 의무적인 회원 가입 절차를 없애라고 조언해주었더니 3억 달러의 수익을 올렸다는 이야기를 한 적이 있다. 그 후, 많은 사이트에서 비회원 주문 방식을 채택하고 있다.

올바른 터널 모드 실행법

✓ 사용자가 현재 어느 단계에 와 있는지 알리기

진행 중인 단계, 완료된 단계, 앞으로 진행될 단계가 무엇인지 알린다(링크가 없는 시각적 표지 사용).

✓ 간결하고 세련된 형식 사용하기

디자인이 간결하고 세련될수록 사용자가 혼란스러워하거나 낙담할 가능성이 줄어든다. 즉, 고객을 잃을 위험성이 줄어든다.

✓ 상황에 맞는 데이터 입력 폼 제공하기

캘린더, 자동 완성 기능, 드래그 앤드 드롭 등

✓ 오류 방지하기, 문제 해결 지원하기

간결한 문장으로 설명하고 예시를 제공하며 입력 필드에 서식을 지정해둔다.

✓ 핵심 액션 강조하기

사용자가 정보를 입력하는 위치와 실행 버튼의 위치를 첫눈에 파악할 수 있어야 한다.

✓ 혜택의 크기에 맞도록 사용자에게 요구되는 노력의 크기 조절하기

혜택이 적은 사용자에게는 간소한 형식만을 요구해야 한다.

제5막: 결말/UX-해피 엔딩

성공적인 사용자 경험은 할리우드 영화에서처럼 해피 엔딩 또는 오프보딩 offboarding으로 끝난다. 여기서 오프보딩이란 온보딩의 반대말로, 사용자가 서비스 사용을 중단하고 떠나는 것을 의미한다.

성공적인 마무리를 위해서는 다음의 규칙을 명심하자.

- 긍정적인 어조로 마무리한다.
- 시스템상의 결제가 성공적으로 완료되었다는 사실을 알려 안심시킨다.
- 이후의 과정을 알려준다(배송 시작, 도착 예정일 등).

이제 또 다른 이야기가 시작된다. 브랜드와 소비자 사이의 이야기, 보다 넓은 의미에서는 '고객 경험 스토리'가 시작된다. 사용자는 원하는 시간에 원하는 제품 을 받으면 서비스에 만족할 것이다. 다시 말해, 제품 구매는 이야기의 끝이 아닌 다 음 에피소드의 시작인 것이다.

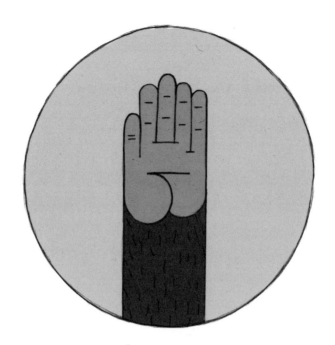

하이파이브!

캠페인이 대기 중이며
곧 시작됩니다!

성과 분석하기

메일침프는 이메일 마케팅의 선두 주자다. 사용자가 캠페인(메일침프를 통한 마케팅 메일) 기본 설정을 완료하면 애플리케이션에 축하 화면이 나타난다. 프레디의 손바닥을 여러 번 클릭하면 미니 게임을 즐길 수 있는 화면으로 전환된다. 바로 이런 요소들이 메일침프의 호감도를 높인다.

요점 정리

다음의 UX 디자인 기법은 사용자가 제품과의 상호작용에 적극적으로 참여하고 몰입하게 만든다.

☑ 인간의 정서적 반응은 본능적 반응, 행동적 반응, 반성적 반응으로 나뉜다. 이 세 가지 반응을 모두 이끌어낼 수 있다면 좋은 디자인이라고 할 수 있다.

☑ 마이크로 인터랙션과 애니메이션 효과를 사용하면 인터페이스에 페르소나를 부여하고 상호작용을 대화처럼 만들 수 있다.

☑ 게임적 요소(도전 과제, 점수, 보상)는 인터페이스를 놀이하듯 경험할 수 있게 하고, 사용자에게 동기를 부여한다.

☑ 스토리텔링을 통해 사용자를 이야기의 주인공으로 만들 수 있다. 상호작용의 중요한 순간들이 모이면 특별한 이야기가 된다.

Part 3

UX는 전략의
중심이다

한발 물러나 생각해보자.

8장
비즈니스 전략을 이해하라

'왜'에서 시작하기

사이먼 사이넥Simon Sinek은 2009년 테드TED 강연에서 골든 서클golden circle을 소개하며 "왜Why에서 시작하라"라는 명언을 남겼다. 그의 강연 영상 조회 수는 3,100만 회를 넘어섰다. 사이넥은 브랜드가 '영감을 주는 리더십'을 갖게 되면 제품의 효용을 만들 뿐 아니라, 소비자의 구매욕을 자극할 수 있는 진정한 힘이 생긴다고 설명했다.

사이넥에 따르면, 기존 회사들은 제품(무엇을)을 먼저 설명하고, 만드는 방식(어떻게)을 설명한 뒤, 타사의 제품보다 우월함(왜)을 강조하며 우리를 설득하려 한다. 이러한 방식은 합리적으로 보이지만 실상 별 효과가 없다. 혁신적인 기업은 정반대의 방식을 선택하는데, 오히려 이것이 우리의 감성을 더욱 자극한다.

> "사람들은 여러분의 제품을 사는 것이 아니라
> 여러분이 그 제품을 만든
> 이유를 산다."
>
> — 사이먼 사이넥, 베스트셀러 《나는 왜 이 일을 하는가?Find Your Why》의
> 저자이자 전문 강사

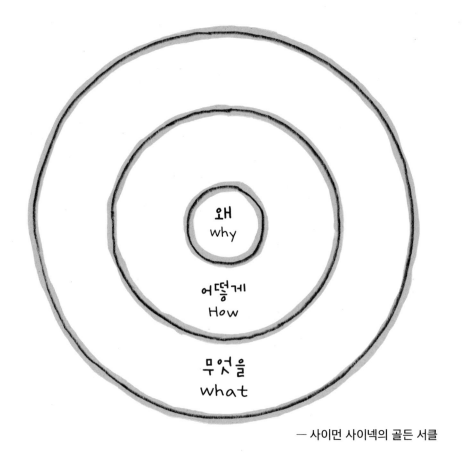

— 사이먼 사이넥의 골든 서클

스티브 잡스가 CEO였던 시절, 애플은 '현 상태에 도전하라', '다르게 생각하라'라는 핵심 이념을 가지고 있었다. 그리고 이것이 바로 애플식 커뮤니케이션의 시초가 되었다.

'우리는 남들과 다를 것이다[Why]. 우리는 디자인에 각별한 관심을 기울인다[How]. 따라서 컴퓨터, MP3 플레이어, 태블릿, 스마트폰 등 디바이스의 종류와 상관없이 우리의 제품은 특별한 제품이 될 것이다[What].'

핵심 이념 이해하기

1994년, 경영학자 짐 콜린스^{Jim Collins}와 제리 포라스^{Jerry Porras}는《성공하는 기업들의 8가지 습관^{Built to Last}》이라는 책을 발표했다. 이 책은 영속적인 기업에는 핵심 가치와 핵심 목표로 구성된 핵심 이념이 있다고 설명한다.

예를 들어, 디즈니의 핵심 이념은 다음과 같다.

핵심 목표	핵심 가치
사람들을 행복하게 만드는 것	• 냉소주의 금물 • 창의력, 꿈, 상상력 • 일관성과 디테일에 신경 쓸 것 • '건전한 미국적 가치' 장려·고양 • 디즈니의 마법이 유지·보전되도록 할 것

기업의 핵심 이념은 구성원 모두에게 공유되어야 하며, 시간이 흘러도 변하지 않는 것이어야 한다. 시장 상황이 바뀐다고 해도 마찬가지다.

영속적인 기업이 되고자 한다면 미래를 내다볼 줄 알아야 하며, 10~30년(스타트업은 훨씬 짧은 기간 동안) 안에 도달할 수 있는 과감한 목표^{BHAG*}를 설정해야 한다. 또한 목표는 기업에 활력을 불어넣을 수 있어야 하며, 기업은 목표를 또렷하게 표현할 수 있어야 한다.

＊《성공하는 기업들의 8가지 습관》에 등장하는 'Big Hairy Audacious Goal(크고 대담하고 과감한 목표)'의 줄임말

예를 들어, 월트 디즈니^{Walt Disney}는 1937년에 세계 최초의 장편 애니메이션 〈백설공주^{Snow White}〉를 발표함으로써 과감한 첫 목표를 달성했다. 〈백설공주〉의 제작은 매우 놀라운 경험이었고, 당시로서는 충격적인 사건이었다. 1950년에는 새로운 놀이 경험을 제안하며 '디즈니랜드'를 탄생시켰다. 디즈니는 그렇게 엔터테인먼트 산업을 뒤흔들었다. 새로운 경험을 중시하며 선견지명을 가지고 대담한 목표를 세운 결과라 할 수 있다.

바로 이런 것들이 기업의 전략적 토대가 된다.

'핵심 이념을 음(陰), 미래 계획을 양(陽)으로 본다면, 음양의 원리가 조화되듯 두 요소가 상호보완적인 역할을 하고 이를 토대로 훌륭한 비전이 탄생한다.'

—《하버드 비즈니스 리뷰(2015년)》

핵심 이념
- 핵심 가치
- 핵심 목표

미래 계획
- 크고 대담한 목표
- 또렷한 목표 표현

— 짐 콜린스와 제리 포라스의 '비전 표현하기',
《하버드 비즈니스 리뷰(2015년)》

경쟁우위 개발하기

'strategy(전략)'라는 단어는 그리스어 'stratos(군대)'와 'agein(이끌다)'에서 파생되었다. 즉, 'strategy'란 부대를 성공으로 이끄는 기술이라는 의미다. 한편, 하버드 비즈니스 스쿨의 마이클 포터Michael Porter 교수는 기업이 경쟁우위competitive advantage 를 갖기 위해 어떻게 해야 하는지를 연구하며 기업 전략을 이해하는 훌륭한 지침을 제시했다.

포터의 첫 번째 핵심 아이디어는 전략이 운영의 유효성과는 다르다는 것이다. 운영의 유효성에만 집착하면 기업의 영속성을 해칠 수 있다. 모든 기업은 지속적인 차별성을 가지고 있어야 한다. 또한 남들과는 다른 독특한 활동을 펼치며, 구성원들이 하려고 하지 않는 일은 적극 중재할 수 있어야 한다.

기업의 차별성을 만드는 세 가지 요소는 다음과 같다.

- 비용(경쟁자와 동일한 제품을 만들 때 더 적은 비용이 드는 것)
- 제품의 차별성(디자인, 성능 등)
- 대상(틈새시장 공략)

사용자 경험은 반드시 기업의 전략에 부합하는 것이어야 한다. 예를 들어, 비용 차별화(저비용) 전략은 고객에게 기업의 업무를 일부 부담시킨다는 의미이기도 하기 때문이다(예를 들어, 이케아는 웹사이트에 3D 시뮬레이션 서비스를 제공해 고객이 주방을 직접 디자인해본 뒤 매장에서 해당 제품을 구입할 수 있게 한다).

마이클 포터의
세 가지 기본 전략

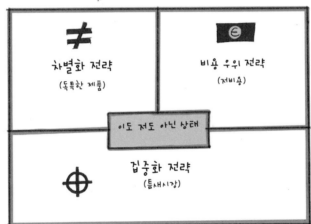

≠
차별화 전략
(독특한 제품)

비용 우위 전략
(저비용)

이도 저도 아닌 상태

집중화 전략
(틈새시장)

새로운 영역 확장하기

블루오션blue ocean은 전략적으로 유리한 영역에서 새로운 수요를 창출해내는 기업 전략 이론이다. 2005년, 프랑스 유럽경영대학원 인시아드INSEAD의 김위찬 교수와 르네 마보안Renée Mauborgne 교수가 처음으로 이 개념을 정립했다.

블루오션과 레드오션

레드오션red ocean은 활동 영역이 포화된 상태를 의미한다. 레드오션이라는 표현은 말 그대로 피로 물든 붉은 바다를 가리키며, 생존하기 위해 치열하게 경쟁하면 피를 흘리게 된다는 뜻이다. 반면, 블루오션은 아직 개발되지 않아 경쟁이 없는 시장을 뜻한다.

앞서 마이클 포터의 표현을 빌리면, 기업은 차별화 전략과 비용 우위 전략을 동시에 펼쳐야 한다. 예를 들어, 우버Uber는 상대적으로 저렴하면서도 소비자에게 더 많은 가치와 더 나은 사용자 경험을 가져다주는 운송 서비스를 제안한다. 우버의 사례에서 사용자 경험은 세 부분으로 나뉜다.

- **주행 전**: 우버의 애플리케이션과 혁신적인 예약 시스템
- **주행 중**: 탑승 차량의 상태와 서비스 품질
- **주행 후**: 우버의 통합 결제 시스템, 평가 시스템, 사후 관리 시스템

우버, 에어비앤비, 닌텐도, 태양의 서커스 등은 블루오션 전략을 펼침으로써 경쟁 자체를 무색하게 만든 사례라 할 수 있다.

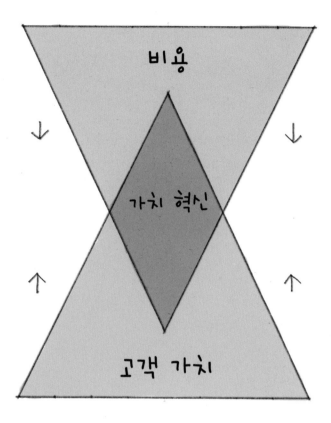

비용

↓   ↓

가치 혁신

↑   ↑

고객 가치

김위찬 교수와 르네 마보안 교수가 공동 집필한 《블루오션 전략Blue Ocean Strategy》에
따르면, 가치 혁신은 제품의 고객 가치 창출과 비용 절감이 교차하는 지점에서 발생한다.

UX 전략 수립하기

전략 수립 시에는 기업의 밝은 미래를 상상하고, 그런 미래에 어떻게 도달할 것인지 조감해보도록 한다.

UX 전략가이자 강연 프로젝트 'UX 스트랫UX-Strat'의 창시자인 폴 브라이언Paul Bryan에 따르면, UX 전략은 다음 세 가지 원칙을 바탕으로 수립된다.

- 기업과 기업의 핵심 이념을 파악한다.
- 경쟁과 차별화 전략에 대해 이해한다.
- 고객과 고객이 기대하는 사용자 경험에 대해 이해한다.

UX 컨설턴트이자 《단 하나의 UX팀The UX Team of One》의 저자 리아 불리Leah Buley는 '기업과 UX 전략의 결합The Marriage of Corporate and UX Strategy'이란 강의에서 기업 전략에 UX를 적용하는 방법을 설명했다. 우선 다음 두 가지 관점을 종합해야 한다.

- 전략팀의 비즈니스 관점
- UX팀의 사용자 관점

두 팀의 상호보완적인 관점을 조화시킴으로써 사용자에게는 가치를, 기업에는 수익을 가져다줄 미래의 비전을 수립할 수 있다. UX팀은 전략팀과의 회의에서 사용자 조사, 디자인 트렌드, 새로운 니즈 등을 공유할 뿐 아니라, 고부가 가치의 UX 디자인과 관련된 전문 지식을 공유한다. 결국 UX는 고객을 전략의 핵심에 두어 기업이 경쟁우위를 점할 수 있는 수단인 것이다.

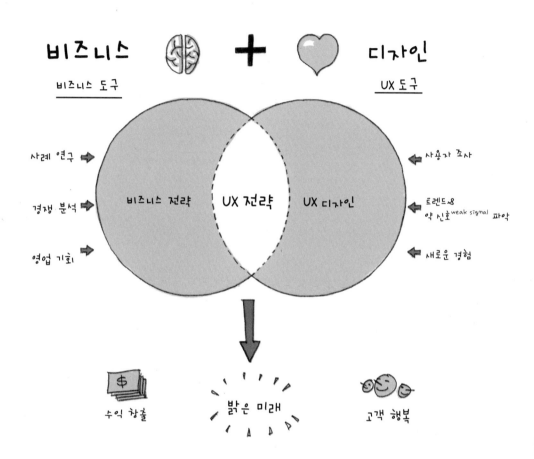

UX 전략의 네 가지 원칙

UX 전략가이자 《UX 디자인 전략UX Strategy》의 저자 제이미 레비Jaime Levy는 UX 전략의 네 가지 기본 원칙을 정리했다. 사실 이 원칙은 기업이 UX 전략을 수립하기 위해 구성원 모두가 함께 개발해나가야 하는 역량에 가깝다.

비즈니스 전략: UX팀이 독립적으로 기업 전략을 수립할 수는 없다. 비즈니스팀과 협업을 통해 기업 전략을 이해하고, 그 전략에 꼭 들어맞는 사용자 경험을 디자인하도록 한다.

가치 혁신: 비용은 하강하고 고객 가치는 상승한다. UX 전략은 두 요소의 상승과 하강을 적극적으로 뒷받침해주어야 한다.

탄탄한 사용자 조사: 사용자 조사는 초기 전략 수립 단계에서부터 전략 유효성을 평가하는 단계까지 기업의 전략적 사고를 뒷받침할 수 있어야 한다. 사용자 조사의 효과가 없다면 조사 방향을 선회해야 한다.

뛰어난 UX 디자인: 탁월한 분석 능력이 전부는 아니다. 전략 수립의 성공 여부는 계획을 실행할 수 있는 기업의 능력에 달려 있다. 효율성, 감성, 스토리텔링 모두를 만족시키는 뛰어난 디자인과 그것을 해낼 수 있는 재능 있는 디자이너들의 역할이 중요하다.

> "UX 전략은 사용자 경험을
> 비즈니스 목표에 맞게 조율하는
> 액션 플랜이다."
>
> — 제이미 레비

전략 표현하기

UX 전략은 상황에 따라 다양한 형식으로 표현된다. 주로 다음과 같이 여러 자료를 함께 사용한다.

- **현재 사진**: 현재의 상황과 상태를 보여줄 수 있는 사진 자료
- **미래 비전**: 희망하는 미래의 모습을 보여주며 '어디로 가고자 하는가?'에 대한 답을 해주는 비전
- **로드맵**: 미래의 목표를 달성하기 위한 경로와 방법, 과정을 상세히 묘사해놓은 것
- **측정 도구**: 목표에 가까워졌는지 확인할 수 있는 도구

UX 전략을 수립하는 일은 빠르게 변동하는 시장 상황을 고려해야 하는 진화형 프로세스다. UX 전략은 디자인적 결정 하나하나를 뒷받침하는 도구라기보다는 전반적인 방향을 안내하는 도구라고 할 수 있다.

현재 사진

미래 비전

로드맵

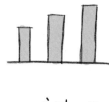

측정 도구

— 스티븐 데닝Stephen Denning과 애비 레이놀즈Abi Reynolds의 UX 강의 '대체 UX가 뭔데 그래? 태클 거는 UX 전략, 구조적으로 접근해보기What the *UX?!? A Structured Approach to Tackling UX Strategy'에서 소개한 UX 전략의 요소

요점 정리

☑ 기업 전략은 기업의 핵심 이념과 독특한 가치를 바탕으로 수립된다.

☑ 차별화와 비용 절감 전략을 통해 기업의 경쟁우위를 개발할 수 있다.

☑ 많은 기업이 블루오션 전략을 택한다. 비용을 줄이고 고객 가치를 높일 수 있는 전략이기 때문이다.

☑ 기업 전략은 비즈니스 전략을 기반으로 기업과 고객 간의 접점을 찾아 고객 경험에 집중하는 것이다.

☑ 기업 전략을 수립한다는 것은 기본적으로 현재 상황을 정리하고, 미래 비전을 수립하며, 비전을 달성하기 위한 로드맵을 그리고, 전략의 효율성을 평가할 측정 도구를 준비하는 것이다.

☑ UX 전략을 수립하는 일은 기업이 빠르게 변동하는 시장 상황에서 유리한 위치에 설 수 있도록 안내하는 진화형 프로세스다.

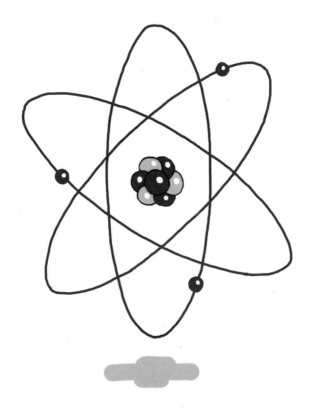

일관성은 신뢰를 만든다.

9장
일관성을 확보하라

시각적 일관성

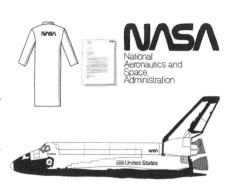

기업의 시각적 정체성^{Visual Identity, VI}은 'VI 가이드라인' 속에 성문화되어 있다. 여기서 VI 가이드라인이란, 기업의 시각적 정체성을 만드는 그래픽 요소를 기술해놓은 것이다. 1976년에 작성된 나사

NASA의 〈그래픽 표준 매뉴얼^{Graphics Standards Manual}〉은 VI 가이드라인의 유명한 예다. 이 매뉴얼에는 그래픽 요소(로고, 폰트, 컬러, 레이아웃)는 물론이고, 인쇄지 종류, 미디어 출판물 적용 예시가 설명되어 있다. 또한 우주비행사들의 유니폼과 우주선에 로고를 어떻게 배치할 것인지도 기술되어 있다.

성공한 브랜드들은 이렇게 세심한 부분까지 신경을 써서 일관성을 확보하기 위해 노력한다. 특정한 용례에 한정되는 디자인보다는 광범위하게 적용될 수 있는 디자인 시스템을 마련하는 것이 중요하다. 그러나 VI 가이드라인은 인쇄 매체 같은 정적 매체에는 효과적이지만 웹이나 산업 정보 시스템, 모바일 애플리케이션에서는 그 한계가 금방 드러난다.

사용자 인터페이스의 일관성을 확보하고 싶다면 애자일 프로세스에 적합한 새로운 형식의 가이드라인을 만들 필요가 있다.

시스템의 일관성

각 페이지마다 다양한 콘텐츠를 역동적으로 보여주는 웹이 등장하면서 더욱 체계적인 디자인 접근법이 요구되기 시작했다. 또한 디바이스의 종류(노트북, 태블릿, 스마트폰)에 따라 화면 크기와 레이아웃이 달라지는 '반응형 웹 디자인 responsive web design'이 등장하면서 페이지 변동성도 더욱 강화되었다.

디자이너 브래드 프로스트 Brad Frost 는 웹 분야에서 페이지라는 명칭을 쓰는 것은 책에 사용하는 '페이지'라는 표현을 그대로 사용한 것이기 때문에 구식 명칭이라고 주장했다. 우리는 여기서 페이지라는 표현을 다시 한 번 고민해볼 필요가 있다.

프로스트는 화학의 원리와 물질을 구성하는 원자에 영감을 받아 일종의 디자인 시스템인 아토믹 디자인 atomic design(디자인 요소들을 나누어 파악하고, 이 요소들이 조합되는 과정을 통해 디자인을 구성하는 방식)이라는 개념을 제안했다. 물질은 원자로 이루어져 있으며, 원자는 모여서 분자가 되고, 유기체를 이루고, 더 큰 단위가 될 수도 있다.

- **원자:** 상호작용의 기본 단위(드롭다운 메뉴, 텍스트, 옵션 버튼 등)
- **분자:** 재사용이 가능한 원자의 결합(레이블을 포함한 폼 form 요소의 집합)
- **유기체:** 재사용이 가능한 분자의 결합(페이지 상단이나 하단)
- **템플릿:** 유기체의 결합. 사이트 내 여러 공간에서 재사용이 가능한 페이지의 레이아웃을 만듦

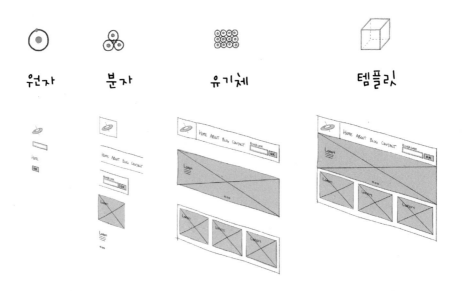

원자   분자   유기체   템플릿

혁신적 아이디어: 이제 페이지가 아닌 시스템을 생각하자.

디자인 시스템에는 설명 문서뿐 아니라 새로운 애플리케이션에서 즉각 사용 가능한 기술적 컴포넌트component(코드 조각) 모음도 포함된다. 디자인 시스템을 구축하면 일관성을 얻게 되고 비용이 절감됨은 물론, 매번 새로운 프로젝트를 진행할 때마다 '바퀴를 재발명하는 것'과 같은 수고를 하지 않아도 된다.

대규모 활동을 하는 기업들은 아토믹 디자인에 영감을 받아 독자적인 디자인 시스템을 개발하기 위해 노력했다. 그러나 그것은 너무나도 원대한 포부였다. 그들이 하려는 일은 바로 메타 디자인meta-design, 즉 디자인에 관여하는 모든 사람(디자이너, 개발자, 프로덕트 매니저를 포함해 기업 혁신에 관여하는)의 생각을 반영하는 디자인 프레임워크를 만드는 일이었기 때문이다.

원자, 분자 등의 개념은 제너럴일렉트릭General Electric처럼 디지털 산업에 종사하는 기업들에는 너무나 동떨어진 개념이다. 그래서 이들은 원자에서 템플릿으로 확장되는 아토믹 디자인의 개념을 정반대로 적용하고, 화학적 비유 대신 자신들에게 맞는 개념을 사용하기로 했다. 결과적으로 원자가 아닌 애플리케이션이 디자인의 출발점이 되었고, IT 용어가 시스템에 등장했다. 실제로도 그들에게 이런 접근법이 훨씬 더 효과적이었다.

기업용 고객 관리 소프트웨어 업체 세일즈포스Salesforce는 다음의 세 가지 원칙에 기반하여 독창적인 조직 구조를 만들었다.

- 디자인 시스템의 '중앙화'와 '형식화'를 담당하는 전담팀을 구성한다. 팀의 보조는 각 프로젝트팀의 대표가 맡는다.
- 각 프로젝트팀은 독자적으로 사용자 조사를 진행하고, 디자인 시스템의 컴포넌트를 사용하면서 필요한 경우 새로운 컴포넌트를 개발한다.
- 새롭게 개발된 컴포넌트는 디자인 시스템에 추가되어 다른 팀원들도 유용하게 사용할 수 있도록 한다.

그 결과, 세일즈포스는 일관성 있고 실용적이며 발전적인 디자인 시스템을 구축할 수 있었다.

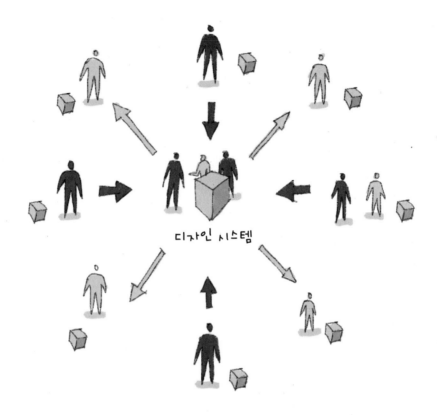

디자인 시스템

세일즈포스의 리드 디자이너 지나 앤[Jina Anne]은 블로그 미디어 '미디엄[Medium]'에 '디자인 시스템을 유지하고 발전시키는 세일즈포스의 UX 조직 구조[*]'를 설명했다. 위 그림은 네이선 커티스[Nathan Curtis]의 디자인 시스템 모델을 참고한 것이다.

* https://medium.com/salesforce-ux/the-salesforce-team-model-for-scaling-a-design-system-d89c2a2d404b

핵심 개념 · 머티리얼 디자인

2014년, 구글의 디자인팀은 '머티리얼 디자인material design'을 공개했다. 이는 구글 애플리케이션(지메일, 구글 캘린더, 구글 스프레드시트, 구글 문서 등)의 일관성을 강화하기 위한 혁신적인 디자인 시스템이자 모바일 우선주의mobile first에 기반한 디자인 가이드라인이다.

머티리얼 디자인은 전통적인 디자인 기법과 기술적 혁신의 만남이라 볼 수 있다. 플랫폼의 종류(휴대폰, 태블릿, 컴퓨터)와 상호작용 방식(터치, 음성, 키보드, 마우스)에 상관없이 최적의 경험을 제공하는 것이 목적이다.

구글은 그들의 광범위한 활동 영역에서 일관성을 확보하기 위해 디자인 시스템 전반을 매우 상세하게 묘사한다(스타일, 페이지 레이아웃, 컴포넌트, 색상 팔레트, 리소스 모음 등).

- 각 규칙은 해야 할 것Do과 하지 말아야 할 것Don't으로 나뉘어 상세히 설명되어 있다.
- 사용자의 행동 패턴을 짧은 애니메이션(모션)으로 설명하고 있다.
- 모든 리소스는 다운로드가 가능하다(아이콘, 폰트, 템플릿 등).

머티리얼 디자인은 단순명료한 세 가지 원칙에 기반하여 시스템의 기본을 통일하기 때문에 일관성을 확보할 수 있다는 장점이 있다.

수백만 명의 사용자는 디바이스 종류에 상관없이 구글의 다양한 애플리케이션을 더 쉽게 사용할 수 있게 되었다.

머티리얼 디자인은 다음 세 가지 원칙을 바탕으로 한다.

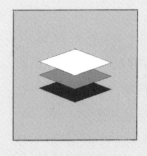  

첫 번째 원칙
머티리얼은 은유다.

두 번째 원칙
대담하고 생생하며, 의도적이다.

세 번째 원칙
움직임은 의미를 만든다.

빛과 그림자는 반응하는 표면과 평면 속의 질감을 표현함으로써 새로운 경험을 제안한다.

시각적 디자인은 색 조합, 대비 효과, 타이포그래피, 몰입형 이미지 등을 활용해 우리의 눈을 즐겁게 하고, 시선을 핵심 콘텐츠로 이끈다.

움직임은 사용자의 시선을 끌며 사용자와의 관계에서 작용·반작용 효과를 낸다.

구글의 제품은 위 세 가지 원칙을 통해 그림자와 빛, 형태, 움직임으로 사용자 경험을 만들어낸다는 사실을 알 수 있다. 구글은 일관성 있는 동시에 대담하고 철저한 디자인 시스템을 구축해 애플처럼 높은 디자인 파워를 갖춘 기업으로 거듭났다.

360도 관점에서 보기

기업들은 오랫동안 매장 담당, 웹사이트 담당, AS 담당 식으로 각 부서가 독립적인 업무를 수행하는 구조를 가지고 있었다. 그러나 2010년 이후 소비자의 구매 행동이 크게 변화하면서 기존의 조직 구조를 재고할 필요가 생겼다. 소비자가 구매 계획을 실현하기 위해 한 채널에서 다른 채널로 이동하는 경우가 매우 빈번해졌기 때문이다.

예를 들어, 실제로 자동차를 구매하는 과정은 몇 개월이 걸린다. 소비자는 브랜드와의 다양한 접점을 통해 구매 계획을 한 단계씩 실현해나간다. 사용자 경험은 물리적 장소(전시장, 판매 대리점, 오프라인 매장 등) 또는 디지털 플랫폼(SNS, 비교 사이트, 웹사이트, 모바일 사이트 등)에서 형성된다. 그러나 온오프라인을 번갈아 이용하는 경우도 있다.

그렇다면 일관성 있는 사용자 경험을 보장하려면 어떻게 해야 할까? 이것이 바로 구매 채널의 다변화 전략, 옴니채널omni-channel의 지향점이다. 고객 여정을 분석하고 최적화할 수 있는 다양한 UX 도구를 생각해보자(사용자 조사, 고객 여정 맵 등). 옴니채널 전략에서는 전체적 상황을 조감하며 고객 여정의 각 단계를 하나의 채널(접점)로 간주한다. 기업은 한 개의 채널에서만 유효한 UX 도구가 아닌, 사용자 경험을 최적화할 다각적인 UX 도구가 필요하다.

그렇다면 이렇게 새로운 유형의 고객 여정 속에서 어떻게 해야 사용자 경험을 디자인할 수 있을까?

AIDA 법칙

제품의 존재조차 모르던 소비자가 제품을 구매하도록 만드는 과정은 인지적·정서적 프로세스다. 이 프로세스는 1920년대에 정립된 AIDA^{Attention, Interest, Desire, Action} 법칙에 잘 드러나 있으며, 광고인들에게도 잘 알려져 있다.

- **Attention**(주의) **또는 Awareness**(의식): 소비자의 주의를 끈다.
- **Interest**(흥미): 소비자의 흥미를 불러일으키고 제품의 강점을 알린다.
- **Desire**(욕구): 정서적·감각적 요소를 활용해 소비자의 욕구를 자극한다.
- **Action**(행동): 행동을 실행에 옮기도록 권하며('지금 구매하기' 지시), 실용적인 정보를 제공한다(판매점의 연락처 등).

AISDASLove 법칙은 구글과 SNS의 영향력을 고려하여 AIDA 법칙에 'Search', 'Share', 'Love' 단계를 새롭게 추가한 것이다.

- **Search**(검색): 구글에 검색하는 단계
- **Share**(공유): SNS에 공유하는 단계
- **Love or Hate**(애정 또는 증오): 시간이 흐름에 따라 브랜드와 맺게 되는 애정의 관계 또는 증오의 관계(사후 관리 서비스 등)

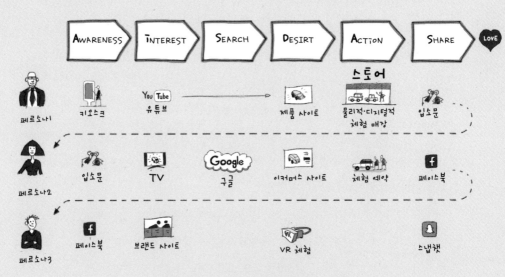

AISDASLove 법칙에 따른 사용자 여정

옴니채널 전략의 목표는 소비자가 서로 다른 채널을 오가면서도 물리적인 혹은 감정적인 방해를 받지 않고 원활하게 경험을 할 수 있도록 하는 것이다. 이 전략의 장점은 어떤 채널을 통해서든 전체적인 일관성이 확보되며, 소비자가 다음 여정의 단계로 매끄럽게 이동할 수 있다는 것이다.

실제 경험 구현하기

에어비앤비의 창업자 조 게비아[Joe Gebia]와 브라이언 체스키[Brian Chesky]는 디즈니가 〈백설공주〉를 만들었을 때 사용했던 스토리보드를 떠올리고 이를 활용해 고객 경험을 개선하고자 했다. 이들의 목표는 에어비앤비의 주요 경험을 보여주는 것이었다.

이들은 다양한 전공의 전문가로 구성된 팀을 꾸려 에어비앤비 사용자들의 주요 경험과 관점을 정리했다. 그리고 픽사 스튜디오의 애니메이터 닉 성[Nick Sung]에게 에어비앤비의 핵심적인 순간과 고객이 겪는 문제를 담되, 솔루션에만 집착하지 않는 스토리보드를 만들어달라고 요청했다.

닉 성은 게스트 스토리와 호스트 스토리, 두 가지 관점으로 접근해 스토리보드를 만들었다. 30여 장의 그림으로 구성된 이 스토리보드는 에어비앤비 고객 경험의 주요 과정을 담아냈다. 시각화된 스토리보드를 사용하자 분명한 사실을 알 수 있었다. 그것은 바로 에어비앤비의 디지털적 경험의 핵심은 모바일이라는 것, 대부분의 고객 경험은 오프라인에서 이루어진다는 것이었다. 스토리보드를 본 에어비앤비 직원들은 고객 경험에 대해 재고하며 다음과 같은 질문을 던졌다.

- 고객은 이 단계에서 어떤 생각을 할까?
- 고객 여정이 진전되도록 하는 요인은 무엇일까?
- 고객 경험을 개선하는 기회 요인은 무엇일까?
- 우리가 하는 일은 고객의 느낌, 발견, 생각, 결정, 행동에 어느 정도로 영향을 미칠까?

이렇게 정서적이고 시각적인 접근법을 사용하면 아이디어가 더욱 잘 교류될 수 있다. 나아가 제품에 대한 훌륭한 아이디어가 모이면 고객 경험은 점점 더 일관성을 갖게 될 가능성이 크다.

닉 성이 그린 에어비앤비 스토리보드 중 한 장면

요점 정리

☑ 일관성은 사용자와 브랜드 사이의 신뢰감을 만든다. VI 가이드라인은 브랜드의 시각적 정체성을 설명하고 광범위적인 일관성을 확보하도록 해준다.

☑ 인터랙티브 시스템interactive system이 행동 패턴, 프로세스 등에서 일관성을 확보하려면 더욱 정교한 도구가 필요하다. 아토믹 디자인과 디자인 시스템은 바로 이런 고민 속에서 탄생했다.

☑ 구글이 개발한 머티리얼 디자인은 수천여 개의 애플리케이션에서 일관된 사용자 경험을 보장한다. 머티리얼 디자인은 세 가지 대원칙을 따르며, 그 밖에도 규칙과 권장 사항, 다수가 자유롭게 이용 가능한 리소스를 통해 구현된다.

☑ 소비 채널이 다변화되면서 일관성 확보에 대한 새로운 고민을 하게 되었다.

☑ 에어비앤비는 사용자의 느낌(실제의 경험)에 집중함으로써 성공적으로 옴니채널 전략을 수립할 수 있게 되었다.

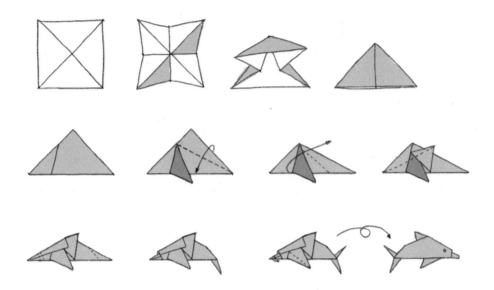

모든 단계에서 UX를 생각하자.

10장
기업을 변화시켜라

살아남기 위해 진화하기

유동적인 상황에서 기업의 존폐 여부는 지속적인 적응력을 갖느냐에 달려 있다. UX는 참여형 방법론이기 때문에 조직 문화의 혁신을 이끌어낼 수 있다. 2015년, 리아 불리는 시장조사 전문 기업 포레스터 리서치Forrester Research를 통해 시대별 UX의 특징을 소개했다. 그녀는 다음과 같이 시대를 구분했다.

- **1980~1990년**: 사용성의 시대. UX 업계는 전문가나 애호가를 대상으로 '사용할 수 있는' 인터페이스를 만드는 방법에 집중했다(유효성, 효율성, 오류 감소). (예: 워드퍼펙트WordPerfect)
- **1990~2000년**: 웹의 등장으로 최대한 많은 사람이 이용할 수 있는 상거래용 인터페이스를 만드는 것이 관심사가 되었다. (예: 이베이Ebay)
- **2000~2010년**: 모바일 중심의 인터페이스와 옴니채널 사용자 경험에 관심이 집중되었다. (예: 지메일Gmail)
- **2010~현재**: 신생 기업들의 가치 제안 핵심 열쇠는 사용자 경험이다. 최고의 사용자 경험을 만들어내는 기업들의 가치는 현재 최고치로 상승하고 있다. (예: 에어비앤비)

오늘날 우리는 사용자 경험이 새로운 사용 양상, 새로운 경제 모델, 새로운 기업을 만드는 UX 트랜스포메이션^{UX transformation} 시대에 살고 있다. 전통적인 모델에서 사용자 중심의 모델로 유연하게 넘어가려면 변화의 시나리오를 만들어 대비해야 한다.

> "외부 변화의 속도가 내부 변화의
> 속도를 넘어서면 종말이
> 가까워진 것이다."
>
> — 잭 웰치^{Jack Welch}, 제너럴일렉트릭 CEO

2016년 12월 11일, 테슬라^{Tesla} 전기 자동차 충전소를 주차장으로 사용하는 멍청이들에게 화가 난 실리콘밸리의 기업가 로익 르 뫼르^{Loïc Le Meur}는 일론 머스크에게 트윗을 보냈다.

'@elonmusk 샌머테이오^{San Mateo}의 슈퍼차저^{supercharger}(테슬라 전기차 전용 충전기를 말함) 앞에는 충전이 끝나고도 몇 시간이나 차를 내버려두는 멍청이들이 수두룩하군요.'

다음 날, 머스크는 이렇게 답장을 보냈다.

'맞아요. 지금 그게 이슈가 되고 있네요. 슈퍼차저는 충전용이지 주차용이 아니지요. 곧 조치를 할 것입니다.'

정확히 6일 뒤, 테슬라는 충전이 완료된 차를 슈퍼차저 앞에 그대로 두면 분 단위로 추가 요금을 부과하겠다고 발표했다. 이 요금 시스템이 디자인부터 구현, 테스트, 현장 투입까지 걸린 시간은 일주일 정도였다. 머스크가 설립한 스페이스X^{SpaceX}, 테슬라, 솔라시티^{SolarCity}, 뉴럴링크^{Neuralink} 등의 회사들은 이처럼 속도가 곧 무기인 애자일 프로세스를 따르고 있다.

UX 트랜스포메이션의 시나리오 만들기

UX 트랜스포메이션은 끝난 것이 아니라 이제 시작이다. 따라서 빠르게 변동하는 시장 상황에 맞게 기업을 끊임없이 변화시켜야 한다. 기업은 계속해서 외부 변화에 적응하며 조직을 발전시켜나가야 한다. 유능한 기업들은 2년마다 조직 구조를 개편하는 경우가 많다.

사용자 중심 기업은 어떤 조직 구조를 가져야 하는지 정의하기 위해, 이번에는 그동안 함께 살펴본 방법론들을 조직 구조에 적용해보도록 하자. 이상적인 조직 구조는 톱다운 방식_{top down}과 보텀업 방식_{bottom up}을 결합하는 것이다.

톱다운은 변화를 꾀하는 경영진의 강한 의지에서 출발하는 방식인 반면, 보텀업은 아래에서 위로, 즉 현장에서 출발해 전략을 도출하는 방식이다. 우선 핵심 정보 그리고 운영과 관련된 아이디어로 기초를 만들고, 사용자 조사(고객에 대한 지식)를 통해 전략을 차츰 보충해나간다.

다음은 UX 트랜스포메이션의 네 가지 요건이다.

- UX팀 만들기
- UX 정신 전파하기
- 창조적인 신뢰 관계 형성하기
- 전략의 중심에 UX 두기

1. UX팀 만들기

어떻게 하면 완벽한 UX팀을 만들 수 있을까? UX팀의 특징은 기업의 규모와 성숙도에 따라 달라진다. 다시 말해, 기업의 현재 능력을 고려해야 한다는 뜻이다. 작은 규모의 기업에는 UX 업무 전반을 맡을 수 있는 '종합형 팀'이 필요하다. 그러나 보다 큰 규모의 기업에는 고도로 전문화된 인력이 필요하며, 각자의 전문 지식에 따라 업무가 분담되는 구조가 바람직하다.

UX팀의 여덟 가지 핵심 역할

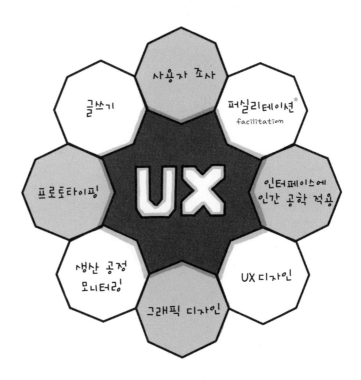

* 구성원들의 참여와 상호작용을 촉진해 목적을 달성하도록 돕는 것

사용자 조사	인터페이스에 인간 공학 적용
정성적·정량적 에스노그래피 조사법을 실행하는 능력 · 사용자 인터뷰 · 관찰과 섀도잉 · 사용자 테스트 · 정량적 조사법 · 분석과 통계 결과물: 페르소나, 고객 여정 지도, 난점, 테스트 보고서	인간공학적 디자인의 모범 사례·기술적 규칙에 대한 지식 · 인지적 인간 공학에 대한 지식 · 인간적 요소에 대한 이해 · 바스티앙 Batien과 스카팽 Scaping의 인간 공학적 기준[*], 제이콥 닐슨의 '휴리스틱' 이해 · iOS, 안드로이드, 윈도우의 특징 이해 · 인간 공학 품질 검사 결과물: 품질 검사 보고서, 디자인 원칙, 인간 공학 가이드라인 등
퍼실리테이션	UX 디자인
협동적 디자인을 이끌어내는 능력 · UX 워크숍에 대한 지식 · 그룹의 활력을 이끌어내는 힘 · 교섭 능력, 교육 능력 · 대중 앞에서 발언하는 능력 · 효과적으로 시각화하여 전달하는 능력 결과물: 회의록, 스케치, 사진	제품·서비스 경험 디자인 · 사용자 여정 디자인 · 인포메이션 아키텍처° 설계 · 인터랙션 디자인 · 인터페이스 디자인 · 시스템적 접근 결과물: 공감 지도, 사용자 흐름 user flow, 고객 여정 지도, 와이어 프레임

°인포메이션 아키텍처 information architecture: 사용자가 원하는 것을 쉽고 빠르게 찾을 수 있도록 정보를 나타내는 것

[*] 1993년, 프랑스 과학자 바스티앙와 스카팽은 인터페이스가 얼마나 인간공학적인지 평가할 수 있는 여덟 가지 기준을 발표했다.

그래픽 디자인	글쓰기
인터페이스의 시각적 디자인을 구상하고 실현함 • 아트 디렉션(예술 감독) • 정서적 참여 유도 • 일러스트레이션 • 모션 디자인 • 브랜딩, VI 수립 • VI 가이드라인 작성 결과물: 비주얼 목업, 무드보드°, 픽토그램, 로고, 색상 팔레트, 일러스트레이션, VI 가이드라인 등	텍스트, 캐치프레이즈, 문구를 작성하고 콘텐츠를 기획함 • 국어 실력 • 웹에 적합한 문체와 글쓰기 • 카드 소팅° 기법 또는 인포메이션 아키텍처 설계 기법 활용 • 문장력 • 콘텐츠 전략content strategy 수립 결과물: 편집된 텍스트, 문구, 버튼 이름, 타이틀, 캐치프레이즈, 사이트 맵°, 편집 가이드라인 등
프로토타이핑	생산 공정 모니터링
인터랙티브 프로토타입을 빠르게 제작함 • 프로토타이핑 툴 사용(스케치Sketch, 인비전InVision, 액슈어Axure, 어도비 XDAdobe XD 등) • 웹 프런트엔드 개발(HTML, CSS, 자바스크립트) • 모션 그래픽 디자인 결과물: 프로토타입	최종 제품이 디자인 의도에 충실하게 구현되도록 개발팀을 지원함 • 세부 사항 점검 • 모든 단계에서 예상치 못했던 문제를 점검하고 해결함 • 교섭과 교육 결과물: 최종 제품

°무드보드moodboard: 콘셉트, 비주얼 아이디어 등을 표현하는 콜라주 형식의 비주얼 보드
°카드 소팅card sorting: 카드를 그룹화하여 사용자들이 제품의 정보와 구조를 어떻게 인식하는지 표현하기 위한 리서치 방법론
°사이트 맵site map: 웹사이트의 정보를 한눈에 볼 수 있도록 정리한 콘텐츠 모형

팀 구성

UX 전문가들은 각양각색의 배경을 갖고 있다. 인지 심리학 전공자, 디자인 전문가 과정(건축·산업·그래픽 디자인) 수료자, 비즈니스 스쿨 졸업자, 프런트 엔드 개발 전공자, 문학 전공자, 언론 정보학 전공자 등. 이상적인 UX팀을 만들기 위해 여덟 가지 UX 역량을 방사형 차트에 표현하여 각자의 전문성과 보완할 점을 시각화해보도록 하자.

이제 갓 UX팀을 만든 기업은 차트 1과 같이 종합형 인재를 채용하는 것이 좋다. 기업이 점점 성숙해짐에 따라 우선순위를 반영하여 보다 전문적인 UX 인재(차트 2) 또는 UI 인재(차트 3)를 채용하도록 한다. 각 개인은 고르게 역량을 개발해 종합형 전문가가 될 수도 있고, 관심 분야에 집중해 특정 분야의 전문가가 될 수도 있다. UX팀의 성숙도는 다양한 인재의 역량을 얼마나 잘 활용하고 조화시키느냐에 달렸다. 차트 4를 참고하자.

그래픽 디자이너 존 마에다John Maeda는 "창의성과 다양성은 동전의 양면과 같다"라고 말했다. 개인의 환경, 문화와 민족, 남성과 여성의 다양성을 반영한다면 더욱 유능한 UX팀으로 거듭날 수 있을 것이다.

차트 1. 종합형 인재

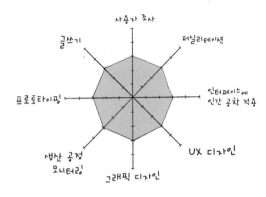

차트 2. UX 디자이너형 인재

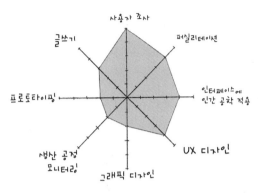

차트 3. UI 디자이너형 인재

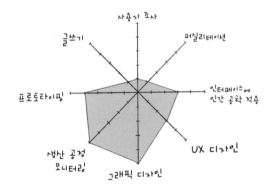

차트 4. 전문 역량의 결합

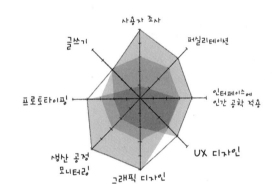

UX팀은 프로젝트팀의 요청에 따라 전문가를 파견하기도 한다. 복잡한 프로젝트를 맡았을 경우 초반에는 1~2명의 UX 전문가가 풀타임으로 참여해 프로젝트팀을 지원해야 한다. 이 전문가들은 디자인 '기본 공사'가 끝나면 다시 시간을 조율해 2~3개의 프로젝트에 참여한다.

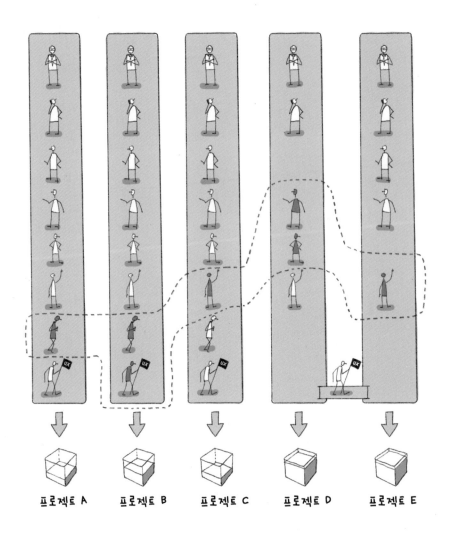

프로젝트 A   프로젝트 B   프로젝트 C   프로젝트 D   프로젝트 E

새롭게 발생한 문제와 모범 사례에 대한 의견 교류 시간, 정보 공유 시간을 가지며 UX팀 내의 지식과 열정을 확대해나가는 일도 매우 중요하다. 헨릭 크니버그의 스포티파이 모델Spotify model(음악 스트리밍 업체 스포티파이에 제안한 애자일 방식의 조직 구조. '스쿼드squad'라는 조직 구성을 통해 빠른 의사결정과 업무 효율의 극대화를 꾀함)에 영감을 받아 새로운 조직 모델이 등장했다.

새로운 모델에서는 각 개인이 세 그룹에 모두 소속되어 있다.

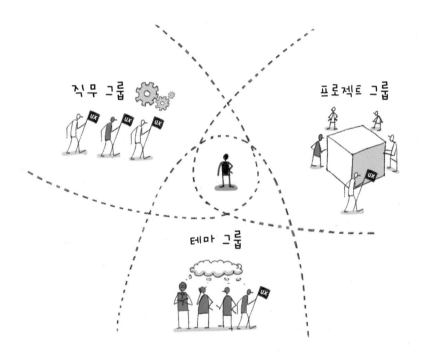

프로젝트 그룹은 같은 장소에서 매일 함께 일하는 생산팀을 가리킨다(예: 애자일 피처agile feature팀-여러 직군이 섞여 함께 일하는 팀). 직무 그룹은 같은 직무를 수행하는 사람들을 모아놓은 팀이다(PO, UX 디자이너, 개발자 등). 마지막으로 테마 그룹은 직무와는 상관없이 특정 테마에 대한 관심을 공유하는 팀이다(사물인터넷IoT, 로봇공학, 인공지능 등). 세 그룹은 할당된 역할을 수행하며 아이디어와 모범 사례를 활발히 교류한다.

2. UX 정신 전파하기

사용자 경험은 UX팀에만 의존하기에는 너무나도 중요하고 전략적인 개념이다. 이제 구성원 모두와 관련된 일이라고 생각해야 한다. 기업의 DNA에 UX를 새겨 넣고자 한다면, 구성원 모두에게 UX 정신을 불어넣어야 한다. 그러나 몇 날 며칠이 소요되는 기존 방식의 직무교육은 그다지 효과적이지 않다. 시간을 낭비하거나, 너무나 평범한 내용이거나, 반대로 지나치게 전문적인 내용이 될 수 있기 때문이다. 점심 세미나를 하거나, 하루 일과를 마무리하면서 전문가 클래스를 제공하거나, 외부 관계자 또는 협력자를 초청해 간담회를 갖는 등 새로운 형식을 모색해야 한다.

각 구성원은 자신의 전문 분야와 관련된 강의를 할 수도 있고, 새롭게 도입된 방식에 대해 피드백을 할 수도 있다. 이런 시스템상에서는 필요한 때에 필요한 지식을 습득할 수 있게 된다. 주제별 짧은 연수를 진행하면 필요에 따라 스스로 학습하게 되고, 시간이 흐를수록 지식이 쌓인다. 기업 차원에서는 테마 그룹이 형성되어 새로운 주제(인공지능, 빅데이터, 사물인터넷 등)와 관련된 전문 지식을 강화해나갈 수 있다.

커뮤니케이션 툴(포스터, 브로슈어, UX 디자인 개념 카드 등 각종 혁신 도구)을 사용해 UX 정신을 전파할 수도 있다. 물리적·시각적 도구를 활용해 일상적인 작업 환경에서 모두가 UX 트랜스포메이션을 경험하도록 하자.

3. 창조적인 신뢰 관계 형성하기

구글과 같이 매우 혁신적인 기업들은 상업적인 실패에도 불구하고 계속해서 실험을 이어나갔다(구글 글라스^{Google Glass}, 구글 플러스^{Google+} 등). 그들은 실패가 성공의 어머니라는 사실을 잊지 않았으며, 리스크를 기꺼이 부담하고 직원들이 혁신을 이끌어낼 수 있는 환경을 제공했다.

실험은 리스크를 줄이는 좋은 방법이다. 불확실한 '혁명'을 위해 천문학적인 예산을 들이는 것보다, 작은 규모라 해도 실험에 투자한다면 그 실험 결과가 긍정적인 경우, 파급 효과가 매우 크다. 기업들은 PoC^{Proof Of Concept}(개념 증명)를 통해 대형 프로젝트를 시작하는 경우가 많다. PoC는 실험에서 다양한 평가 도구를 사용해 특정 기능의 유효성과 효용성을 입증하는 접근법이다.

'창의성'과 '평가'는 연관되어 있다. 오늘날에는 빅데이터의 도움으로 모든 것이 평가될 수 있다. 그리고 무엇이든 평가를 거치면 개선이 된다. 즉, 기업의 창의성을 키울 수 있는 새로운 길이 열리는 것이다. 기업은 문제를 발견하고, 해결책을 찾기 위해 창의성을 장려하고, 해결책의 유효성을 평가한다. 새로운 해결책이 이전 해결책보다 더 효과적이라면 기업은 이전 시스템을 바꾼다. 그렇지 않다면 다른 해결책을 다시 모색하면 된다.

창의적인 기업은 특별한 업무 경험을 제안한다. 영감을 주는 환경을 통해 구성원들의 창의력을 증진하고, 원활하게 정보를 공유할 수 있도록 돕는다. 스탠퍼드 대학교의 티나 실리그^{Tina Seelig} 교수는 구글 사무실에 놓인 미끄럼틀의 기능을 설명했다. 구글 직원들은 이 미끄럼틀을 볼 때마다 회사가 혁신, 창의성, 즐거움을 중요하게 여긴다는 사실을 떠올린다고 한다.

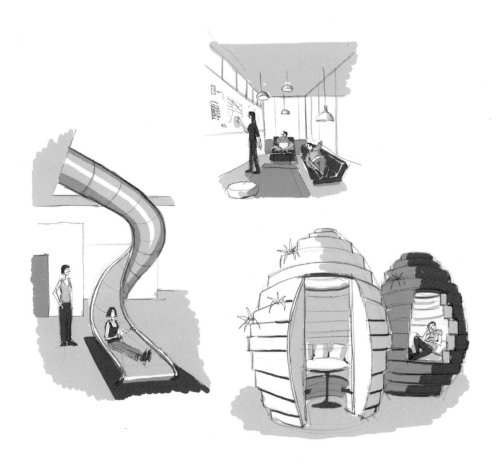

구글은 사무실을 사교를 위한 공간, 협업하는 공간, 집중을 위한 공간으로 분리해
창의성과 효율성을 극대화하고 있다.

4. 전략의 중심에 UX 두기

디자이너의 시대가 도래했다

지난 5년간 40여 개의 대형 UX 디자인 에이전시가 글로벌 컨설팅 기업(캡제미니 Capgemini, 엑센츄어Accenture, 딜로이트 컨설팅Deloitte Consulting, 맥킨지McKinsey, 프라이스워터하우스쿠퍼스 컨설팅PwC)이나 소프트웨어 기업(구글, 어도비, 페이스북, 세일즈포스)에 인수 합병되었다. 신경제를 주도하는 기업들(에어비앤비, 슬랙, 스냅챗, 핀터레스트, 알리바바Alibaba, 깃허브Github, 스카이스캐너Skyscanner)은 디자인을 전공했거나 디자인 관련직에 종사했던 사업가들이 설립한 것이다. 한 예로 금융지주회사 캐피털 원Capital One의 디자인 부서에서 근무하는 디자이너는 400명이 넘는다! 그뿐만이 아니다. 개인용 재무 관리 소프트웨어 업체 인튜이트Intuit는 디자이너 수를 600% 늘렸고, 현재 회사 경영에 참여하는 디자이너만 35명에 달한다고 한다.

성숙해진 UX 디자인

디자인 중심의 기업들은 디자인이 곧 그들의 DNA이며, UX 디자인이 그들의 경제 모델과 문화, 프로세스를 만든다. 이 기업들은 디자이너들을 경영진에 합류시켜 전략적 결정을 할 때 그들의 시각을 참고하기도 한다.

디자인의 긍정적 영향력을 높이 평가하는 것은 다음 네 가지 측면을 따른다.

- 판매 증진
- 고객 참여customer engagement 증가
- 고객 유지율customer retention 상승
- 생산 주기 신속화

> **"매년 진행되는 실험을 두 배로
> 늘린다면 독창성도 두 배로
> 늘어날 것입니다."**
>
> — 제프 베조스

홍보보다 UX에 투자하라

제프 베조스는 아마존을 창업한 뒤 일 년 동안 광고·홍보 예산의 100배가 넘는 예산을 고객 경험 관리 부문에 할당했다. 아마존의 최고기술경영자[CTO] 버너 보겔스[Werner Vogels]는 자신의 블로그*에 아마존 개발자들이 그동안 5,000만 개의 과업(개발·테스트·생산)을 수행·완료했다고 밝혔다. 즉, 1초당 한 개의 과업을 수행한 셈이다. 아마존은 일반적으로 작은 표본 집단(지리적 영역)을 대상으로 두 가지 버전의 애플리케이션을 테스트해 작동이 더 잘되는 버전을 찾아낸 뒤 글로벌 서비스를 개시한다.

이처럼 실험과 평가의 문화는 새로운 기업 모델의 핵심이 되었다. 그리고 새로운 제품과 서비스는 앞으로도 계속 생산될 것이다. 이제 기업들은 상상해낼 수 있는 최고의 고객 경험을 제공하기 위해 경쟁하고 있다.

상상력은 기술보다 강력한 혁신의 도구다. 기업의 미래는 창의력을 키울 수 있는 능력, 실험 친화적인 환경을 조성할 수 있는 능력, 끊임없이 아이디어를 떠올리고 인간중심적 가치를 지향할 수 있는 능력을 얼마나 갖췄느냐에 달렸다.

---

* http://www.allthingsdistributed.com/2014/11/apollo-amazon-deployment-engine.html

요점 정리

우리는 현재 사용자 경험이 새로운 사용 양상, 새로운 경제 모델, 새로운 기업을 만드는 UX 트랜스포메이션 시대에 살고 있다. 기업을 변화시키기 위한 다섯 가지 요건은 다음과 같다.

☑ 기업의 성숙도에 따라 적합한 역량을 갖춘 UX팀을 만들 것

☑ 기능별 그룹을 만들고 분권화된 활동을 장려할 것

☑ 기업 구성원 모두에게 UX 정신을 전파할 것

☑ 실험을 통한 혁신을 창출하기 위해 창조적 신뢰 관계를 형성할 것

☑ 전략의 중심에 UX를 두고, 디자인을 경영에 투입해 전략적 투자 수단으로 삼을 것

사용자 중심의 기업은 투자한 만큼 막대한 이익을 빠르게 거둘 수 있다.

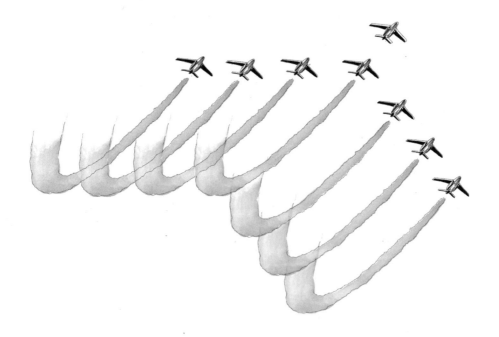

편대비행의 원리

11장
UX 팀의 운영을 위한 가이드

디자인 비전이란 무엇인가

'디자인 비전design vision'은 모든 디자인적 결정을 가이드하는 북극성과 같은 존재라 할 수 있다. 항해자들과 탐험가들이 유동적이고 불확실한 상황(바다, 미지의 땅 등)에서도 길을 잃지 않고 목적지를 향해 나아가는 이미지를 떠올려보자. 제품 혁신도 비슷한 맥락 속에서 일어난다. 제러드 스풀은 이터레이션, 피봇, 맞춤형 전략 등의 개념을 아우르는 '깃발flag'이란 개념을 새롭게 제시했다. 깃발은 멀리서도 보이는 표지로, 기업의 목표를 상징한다. 기업이 피봇을 실행하면 깃발을 옮기게 되지만, 도달해야 할 목표는 여전히 눈앞에 있다. 르노Renault자동차의 총괄 디자이너 로렌스 반 덴 액커Laurens van den Acker는 르노자동차의 새로운 비전을 수립하기 위해 다음 세 가지 단계를 제시했다.

1단계
기업의 정체성identity 정하기
2단계
정체성이 반영된 하나의 차세대형 모델 생산하기
3단계
최초의 디자인 비전에 부합하는 여러 가지 차세대형 모델 생산하기 액커에게 디자인이란 브랜드 가치를 전달하는 것이다. 르노자동차는 그가 총괄 디자이너로 오기 전까지 매우 다양한 라인업을 가지고 있었지만, 그 때문에 브랜드가 다소 산만한 느낌이 들었다. 액커는 브랜드의 인간중심적 가치를 제고하고 라인업에 일관성을 주기 위해 사람의 인생 주기를 상징하는 키워드(사랑, 탐험, 가족, 일, 놀이, 지혜)를 담은 '라이프 플라워Life Flower'를 도입했고, 그것을 기준으로 하나의 자동차 모델이 인생 주기의 각 단계를 반영하도록 만들었다. 르노자동차는 이런 방식을 통해 디자인 작업 전체에 대한 일관성을 확보할 수 있었다.

라이프 플라워는 르노자동차의 비전을 이해하기 쉽고 전달하기 쉬운 도식으로 표현한 것이었다. 각 꽃잎의 키워드는 콘셉트 카Concept car로 구현된다. 콘셉트 카는 새롭고 감각적이며 세련되고 명료한 디자인 언어로 뚜렷한 아이디어를 표현한 자동차 모델이다. 콘셉트 카는 디자인 신념을 담고 있을 뿐 아니라 앞으로의 방향성을 제시하는 역할을 한다. 콘셉트 카의 디자인이 실제 출시되는 모델에 그대로 적용되지 않더라도, 이전과는 다른 미래를 약속한다는 점에서 의의가 있다. 르노자동차의 콘셉트 카에 대한 대중의 반응이 뜨겁자, 액커는 콘셉트 카의 장점들을 추린 새로운 시리즈 출시를 감행했다. 이 새로운 시리즈의 방향성은 매우 뚜렷했다. 결국 이 시리즈는 상업적으로 엄청난 성공을 거두었으며, 순식간에 세그먼트별 경쟁에서 경쟁사들의 모델을 압도했다. 액커는 이후, 이러한 접근법을 르노자동차 라인업 전체로 확장해나갔다.

비전 수립하기

1. 듣고 관찰하기

기업 전략, 타깃층, 우선순위 시장priority market, 제품의 강점과 약점, 경쟁 환경, 사용자의 문제 제기, 제품에 대한 사용자의 제품 지각product perception 등을 이해하는 과정이다. 가장 간단한 방법은 사용자 인터뷰를 진행하거나 직원들의 생각을 들으며 아이디어를 얻는 것이다.

2. 아이디어 표현하기

일단 비전이 수립되었다면 기업이 추구하는 가치와 근본적 이데올로기('왜')를 바탕으로 5년 후의 세상이 어떤 모습일지 상상해보도록 한다. '더 좋은 세상을 만들기 위해 무엇이 필요한가?' 이 질문이 바로 제품 비전의 핵심이다. 그에 대한 답을 핵심 단어로 정리해두도록 한다. 아마 자연스럽게 '잘 디자인된 제품'이 그 답이라는 생각이 들 것이다.

3. 디자인하기

자동차 업계에 콘셉트 카가 있다면, 디지털 기업들에는 PoCProof Of Concept(개념 증명)가 있다. PoC는 추상적인 비전을 구체적인 실험으로 증명하는 것이다. 해당 제품이 사용자에게 이익을 제공하며 기업에 가치 실현을 가져다줄 수 있을까? 이를 검증하기 위해 특정한 조건하에서 프로토타입을 만들어 테스트한다. 잘 디자인된 프로토타입이라면 새로운 제품과 사용자를 이야기 속 주인공으로 삼아 스토리텔링을 할 수 있을 것이다.

4. 소통하기

명료한 제품 비전은 부서 간의 차이를 조율하는 훌륭한 수단이 된다. 어떤 목표를 달성할 것인지 분명히 알 수 있는 비전이어야 하며, 각자의 업무 범위 내에서 비전을 바탕으로 바람직한 결정을 내릴 수 있어야 한다.

엘리샤 오티스: 비전이 비전을 만든 이를 뛰어넘은 사례

1853년 5월, 엘리샤 오티스^{Elisha Otis}는 뉴욕의 크리스탈 팰리스[*]에서 자신의 발명품을 선보이며 놀라운 광경을 연출했다. 그는 상당히 높은 곳에 승강기를 설치하고 그 위에 올라선 뒤, 조수에게 그 승강기를 지탱하는 밧줄을 끊으라고 지시했다. 관중들은 조그마한 증기기관으로 움직이는 승강기가 10미터가 넘는 높이까지 올라가는 광경을 숨죽이고 지켜보았다. 바로 그때, 조수는 단칼에 밧줄을 끊었고, 사람들은 소리를 질렀다. 하지만 아무 일도 일어나지 않았다! 오티스가 발명한 제동 시스템 덕분에 승강기는 추락하지 않았다. 그는 기존 화물용 승강기에 안전 시스템을 추가함으로써 사람이 탈 수 있는 엘리베이터를 탄생시켰을 뿐 아니라, 고층 빌딩을 등장시키며 수백만 명의 생활 방식과 도시의 모습을 완전히 바꾸어놓았다. 그가 제품을 소개했던 방식, 그 훌륭한 연출은 두고두고 회자되고 있다. 그 유명한 스티브 잡스의 연설들보다 무려 120년 이상 전에 일어났던 일이다.

＊ 1853년에 시작된 비정기적 국제 박람회 '뉴욕세계박람회'를 목적으로 건립된 전시회장

블라블라카의 플레이북

토리스탕 샤르비야

레미 기요

"여러분의 플레이북을 만들어 보세요."

ㅡ 프로덕트 매니저 컨퍼런스 2018에서

블라블라카의 제품개발팀 부팀장과 브랜드&UX관리팀 부팀장을 맡고 있는 레미 기요Rémi Guyot와 트리스탕 샤르비야Tristan Charvillat는 '프로덕트 매니저 컨퍼런스 2018Product Conf 2018'에서 기존의 '제품 기획 원칙product principles*'과 유사한 '플레이북Playbook'이란 개념을 소개했다.

플레이북은 변화를 꾀하는 상황(새로운 정체성, 새로운 알고리즘, 새로운 디자인)에서 제품 기획 환경을 조성하려는 목적으로 도입된 장치다. 두 사람은 플레이북이 영감을 제공하고, 상황에 맞게 실제로 적용 가능해야 하며, 눈에 띄어야 한다고 강조했다. 영감을 주어야 하는 이유는 플레이북을 통해 처음 의도한 것에서 더 발전된 무언가를 만들어낼 수 있기 때문이다.

✳ 제품 기획과 제품에 대한 모든 것을 결정할 때 참고할 수 있는 프레임워크

또한 플레이북이 눈에 띄어야 하는 이유는 기업의 일원 모두가 숙지하고 활용할 수 있어야 하며, 그렇지 못할 경우 플레이북으로서의 가치가 없기 때문이다. 기요와 샤르비야는 나폴레옹 3세와 오스만Haussmann 남작이 함께 진행했던 '파리 개조 사업'에 빗대어 플레이북을 설명했다. 파리 개조 사업은 지저분한 도시를 빛나는 도시(미관, 통일성, 규모적 측면)로 변모시킨 대대적인 도시 정비 사업이다. 두 사람은 다음 다섯 가지 요소를 바탕으로 팀 전원이 동일한 방향으로 작업을 수행해나갈 수 있다고 정리했다.

1. 몰입 Immersion: 사용자와 사용자의 생각, 행동, 감정, 제품을 둘러싼 생태계와 그속의 역학관계 등을 이해해야 한다. 예를 들어, 블라블라카의 직원들은 실제의 사용자 경험에 완벽하게 몰입하고 중점적으로 개선할 사항을 알아내기 위해 여러 가지 코스를 직접 시험해보았다.

2. 고도 Altitude: 하나의 문제를 집중적으로 해결하기 위해 각자의 칸막이 내에서 독립적인 작업을 해야 하는 경우도 물론 있지만, 전반적인 시각을 확보하고 보다 효과적으로 비전을 실현하기 위해서는 주기적으로 '고도를 높여' 전체를 조감할 필요가 있다.

3. 피칭 Pitching*: 아이디어를 소개하고 공유하며 전 직원의 참여를 이끌어낸다. 피칭은 규칙적으로 이루어져야 한다.

4. 과감성 Radicality: 신념을 키워 과단성 있고 대담한 결정을 하도록 한다.

5. 시스템 System: 디자인 시스템을 구축해 일관성을 만들도록 한다. 디자인 시스템은 창의성을 방해하지 않는다. 오히려 레고 놀이와 비슷해서 기본 블록의 모

---

* 제품 또는 아이디어에 대한 간단한 프레젠테이션(설명)을 의미함

양을 바꿀 수는 없지만 무한대로 변주할 수 있다. 바로 이 시스템을 통해 사용자 경험 디자인의 일관성이 확보된다. 오스만 남작의 도시 정비 사업에서도 일정한 규칙을 적용해 파리 건축의 통일성(도로 폭에 따른 건물 높이 제한, 45도 각도의 망사르드 지붕[*], 파사드^{**} 통일 등)을 확보할 수 있었다.

각 요소의 첫 자(UAPRS)를 따서 재배치해보면 'PARIS'라는 글자를 만들 수 있다. 플레이북의 핵심 요소와 파리 개조 사업을 동시에 상징하는 글자다. 알려주기 간단하며 외우기 쉽지 않은가?

* 2단으로 경사진 지붕 양식을 가리키며, 일반적으로 지붕에 채광창을 내어 다락방으로 쓰게 되어 있음
** 건물의 정면부

능률적인 조직 만들기

　　규모가 큰 조직에서 디자인은 어떻게 실현될까? 제품, 마케팅, 디자인 혁신의
세 마리 토끼를 잡을 수 있는 방법은 무엇일까? 모든 작업을 총괄할 수 있는 팀이
필요할까, 아니면 반대로 애자일 조직 형태의 분산화된 모델이 필요할까? 다음과
같이 3개의 핵심 부서(제품 디자인팀, 브랜드 전략팀, 사용자 조사팀)를 갖춘 조직이라면 좋은
성과를 낼 수 있다.

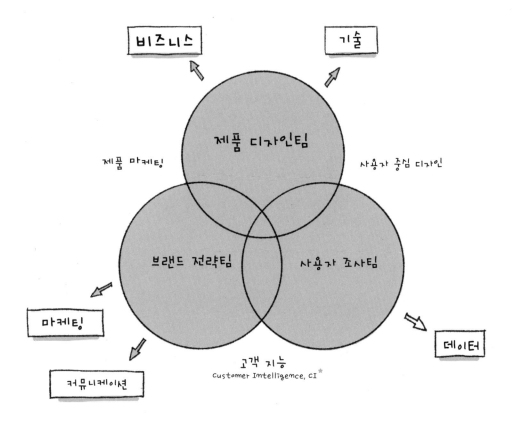

　※　고객 관련 정보를 수집·분석하는 프로세스

제품 디자인팀

애자일 모델의 '스쿼드'가 완전히 자율적으로 기능하려면 스쿼드를 전담하는 디자이너 1명이 필요하다. 제품 디자이너는 디자인의 모든 과정(사용자 조사, 참여 디자인*, 프로토타이핑, 사용자 테스트 등)에 관여한다. 탐색 과정에서부터 제품 생산·출시 과정까지 전반적인 디자인 프로세스를 잘 이끌 수 있는 사람이다. 제품 디자이너는 스쿼드 내에서 (사용자, 욕구, 난점, 제품, 경쟁력 등에 대한) 자신의 전문성을 더욱 심도 있게 발전시키며 점점 더 적절한 판단을 내리게 된다. 또한 개발자들과 매일 회의를 함으로써 아이디어에서 실험, 생산까지의 시간을 단축시킨다. 스쿼드는 완전하게 자율적인 조직으로, 공동의 목표에 집중하며 뚜렷한 팀 문화를 형성하는 일종의 '초소형 스타트업'과 같다. 지속적인 발전이 가능한 매우 능률적인 모델이라 할 수 있다.

새로운 제품, 새로운 기능을 개발하고 싶은가? 방법은 간단하다. 새로운 스쿼드(프로덕트 매니저+디자이너+개발자+품질 보증 담당자)를 꾸려 문제를 맡겨보자. 기존 시스템에 혼란을 주지 않고 자율적으로 문제를 해결해나갈 것이다. 조직 구조를 계속 개편해나가야 하는 스타트업들에게 스쿼드 모델이 각광받는 이유는 바로 이런 장점이 있기 때문인다. 어떤 스타트업이 2개의 트라이브tribe**로 구성되어 있고 트라이브 각 산하에 4개의 스쿼드가 있다고 생각해보자. 각 스쿼드를 전담하는 제품 디자이너가 1명씩 있으므로 트라이브당 총 4명의 제품 디자이너가 활동하는 셈이며, 또 그중 1명은 해당 트라이브의 총괄을 담당한다.

---

* 사용자를 포함한 모든 이해관계자가 참여해 함께 만드는 디자인
** 스쿼드가 모여 이루어지는 상위 조직

브랜드 전략팀

브랜드 전략팀의 조직 구조는 앞서 설명한 제품 디자인팀과 상반된다. 브랜드 전략팀은 웹 에이전시들처럼 한 공간에 모인 브랜드 디자이너들이 한 팀을 이루어 외부의 요청 사항을 처리하는 구조를 갖고 있다. 브랜드 전략팀의 수장은 신규 요청 사항을 관리하고 예산을 분배하며 내외부 고객을 만족시키기 위해 힘쓴다. 브랜드 전략팀은 특히, 즉각적인 반응이 중요한 단기 프로젝트(마케팅, 홍보, 디자인 혁신 등)에서 그때그때의 필요에 대응하는 역할을 하기에 적합하다. 브랜드 전략팀에 아트 디렉터(디지털&인쇄 부문)와 카피라이터가 함께 있다면 가장 이상적이다. 이들은 함께 광고 캠페인을 기획하거나 홍보·마케팅 수단을 고안한다. 또한 브랜드 전략팀은 사용자 인터페이스^{UI} 디자인을 담당하기도 한다. 구체적으로 말하면, 디자인 시스템(스타일 가이드[*], 아이콘 디자인, 일러스트레이션, 편집 가이드라인 등)의 핵심 요소를 결정한다.

한편, 브랜드 전략팀의 일상적인 업무는 스쿼드의 제품 디자인이 일관성을 갖추고 비전에 부합할 수 있도록 지원하는 것이다. 디자인 시스템을 잘 유지하고 발전시키는 일, 제품의 문제가 중대한 UI 문제와 관련될 경우 스쿼드를 지원하는 일 등도 수행한다. UI 리드 디자이너는 직무 특성상 전체를 조감하는 위치에 있으므로 브랜드의 정체성이 훼손되지 않게 보호하고, 고객과의 모든 접점(지하철 광고와 SNS 홍보뿐 아니라 자사의 애플리케이션이나 웹사이트 내에서의 홍보도 포함)에서 홍보의 일관성을 유지하는 역할을 한다. 이처럼 브랜드 전략팀은 강력한 브랜드를 만들어내는 팀이라 할 수 있다.

＊ 사용자 인터페이스 디자인 과정에서 기준이 되는 규칙을 모아놓은 것

사용자 조사팀

사용자 조사팀은 두 가지 주된 역할을 수행해야 한다. 바로 스쿼드를 서포트하는 일과 전략적 조사를 하는 일이다. 스쿼드는 사용자 조사를 진행할 때 매뉴얼 작성, 인터뷰/테스트 진행, 결과 분석 등을 도와줄 인력이 필요하다. 이때 사용자 조사팀에 도움을 요청해 전문 지식을 제공받는 등 각종 지원을 받을 수 있다. 사용자 조사팀은 스쿼드와 일정한 거리를 유지하며 스쿼드가 주도하는 사용자 조사의 효과를 극대화하기 위해 서포트한다. 테스트 참가자를 모집하는 프로세스를 만들거나(참가자 물색, 보상 정책, 법무, GDPR 규정[*] 관련 업무 등) 서로의 인사이트를 공유하는 내부 행사를 기획하는 일 등이 포함된다.

프랑스의 리빙&가든 전문 브랜드 마노마노ManoMano에서 사용자 조사를 담당했던 클로에 마르티노Chloe Martinot는 '팝콘 타임'을 기획했다. 팝콘 타임은 팝콘을 먹으며 사용자 테스트를 녹화한 비디오를 관람하는 시간으로, 전 직원 누구나 참여할 수 있었다. 마노마노는 이런 시간을 통해 사용자 관련 정보를 대대적으로 공유하고 제품 로드맵을 빠르게 수정할 수 있었다.

사용자 조사팀은 스쿼드팀들이 다루지 않는 전략적 문제들을 다루기도 한다. 예를 들어 새로운 사용자 세그먼트를 타기팅targeting할 때, 우선적으로 사용자 조사팀이 해당 목적에 부합하는 조사를 실시한 뒤 프로젝트를 진행해도 좋을 것이라는 판단을 내리면, 경영진이 전담 스쿼드를 배정할 것인지 여부를 결정하게 된다. 사용자 조사팀은 제품과 시장의 연결고리 역할을 하므로 능력 있는 사용자 조사팀을 보유하고 있다면 경쟁우위를 점할 수 있다. 지속적인 피드백과 객관적인 데이터(데이터팀이 제공하는 정량적 데이터와 사용자 조사팀이 제공하는 정성적 데이터)를 통해 디자인 의사 결정이 이루어지며 제품 비전이 수립된다. 따라서 사용자 조사팀은 기업에 전략적으로 매우 중요한 팀이라 할 수 있다.

---

[*] General Data Protection Regulation(유럽연합 일반 데이터 보호 규칙): 유럽연합 소속 회원 국들의 개인정보 보호를 위한 규정

사용자 조사

　기업들이 사용자 조사의 전략적 가치를 깨닫게 되면서 사용자에 대한 체계화된 정보(욕구, 욕망, 문제점 등)를 디자이너들에게 지속적으로 제공해줄 수 있는 조직이 필요하게 되었다. 사용자 조사팀의 핵심 업무를 간추려보면 다음과 같다.

- 사용자 조사 전문 인재 채용하기
- 적합한 데이터 분석 툴(도브테일Dovetail, 핫자Hotjar, 룩백Lookback, 구글 애널리틱스Google Analytics 등) 설치하기, 전용 룸과 전문 장비(스마트폰, 태블릿PC, 마이크, 카메라 등) 준비하기
- 사용자 조사 과정 정리하기(사용자 욕구 표현, 계획 수립, 테스트 참가자 모집, 정량적·정성적 조사 실행, 결과 재구성 형식 결정)
- GDPR 규정을 고려하여 사용자 데이터베이스(사용자 클럽*, 참가자 모임, 협력사 모임, 카페, SNS 등) 구축하기
- 사용자 관련 정보 데이터베이스(페르소나, 인사이트, 난점, 욕구 등) 구축하기. 이 데이터베이스는 누구나 접근 가능하며 새로운 정보가 매일 유입된다.
- 회사 전 직원에게 사용자 조사 관련 정보 주기적으로 공유하기(진행 절차, 결과 등)

*　특정 제품을 사용한 사람들의 모임

디자인 옵스 최적화하기

'디자인 옵스Design Ops'는 'Design Operations(디자인 운영)'의 약자로, 디자인 워크 플로우Work flow*를 최적화하기 위한 전방위적인 활동을 가리키며, 특정 제품에 한정되는 것이 아니라 도구로써 활용된다. 디자인 옵스의 주요 업무는 다음과 같다.

- 디자이너 간 원활한 협업을 위해 툴(소프트웨어) 통일하기, 툴 라이선스 비용 줄이기
- 규범 만들기(업무 파일 및 디렉터리 만들기, 파일명 작성 규칙 만들기 등)
- 스쿼드가 담당하지 않는 여러 가지 프로젝트 조율하기
- 디자인 프로세스 형식화하고 실행하기
- 인력 채용하기

디자인 옵스는 오늘날 조직의 크기에 따라 다르게 적용된다. 규모가 작은 조직에서는 디자인 팀장이나 리드 디자이너가 디자인 옵스를 관리하지만 에어비앤비, 세일즈포스, 인튜이트와 같은 큰 조직에서는 디자인 옵스만 전담하는 팀이 필요하다. '리서치 옵스Research Ops'라는 개념도 있다. 반복적으로 수행되는 각종 조사(테스트 참가자 모집, 인사이트 데이터베이스 관리 등)와 관련된 워크 플로우를 담당하는 직무이다.

---

* 일련의 업무 흐름 또는 업무 흐름을 시스템화한 것

'디자인 옵스의 목표는 프로세스와
기술 혁신을 통해 디자인 워크 플로우에서의
비효율성을 줄이는 것이다.'

— 데이브 말루프 Dave Malouf,
《디자인 옵스 안내서 Design Ops Handbook》 중에서

디자인 미팅

분산형 조직은 운영상의 이점이 많지만 업무 간 동기화가 잘 이루어지지 않거나 디자이너 간의 정보 교류가 원활하지 않을 위험성도 내포하고 있다. 이 문제점을 해결하기 위해 주기적으로 진행하기 좋은 팀 미팅 네 가지를 제안한다. 목표와 진행 시간, 빈도를 참고해 진행하길 바란다.

디자인 스탠드업	디자인 리뷰
✦ 목표 디자이너들이 원활하게 정보를 교류하고 동기화가 필요한 곳을 발견하는 것	✦ 목표 스쿼드의 디자인 생산물 또는 아이디어를 소개한 뒤 핵심 팀원들의 피드백을 받는 것, 선택지에서 해결책을 고르는 것, 다음 단계를 결정하는 것
🕐 진행 시간 30분 횟수: 일주일에 1회 👥 참가자 디자인팀 팀원 모두	🕐 진행 시간 30~60분 횟수: 일주일에 1회 👥 참가자 스쿼드의 리더들(제품 디자이너, 프로덕트 매니저, 테크니컬 리더)과 제품 관리팀

디자인 가이드	디자인 예문
✦ **목표** 디자이너들이 서로 창의적 영감, 전문가 클래스, 경험적 피드백, 실험 등을 공유하는 것	✦ **목표** 피드백, 디자인팀과 경영진 간의 의견 조율
🕐 **진행 시간** 2시간 횟수: 일주일에 1회	🕐 **진행 시간** 60분 횟수: 2개월에 2회
👥 **참가자** 디자인팀 팀원 모두	👥 **참가자** 디자이너, 프로덕트 매니저, 경영진 또는 창립 멤버들

성숙도 평가하기

조직이 자리를 잡기 시작하면 몇 가지 지표를 통해 조직의 성숙도를 측정할 수 있으며, 한 단계 더 성숙하기 위해 어떤 활동들이 필요한지 알아볼 수 있다.

2019년, 리아 불리는 디자인 플랫폼 '인비전InVision'을 통해 〈더 뉴 디자인 프런티어The New Design Frontier〉라는 보고서를 발표했다. 이 보고서를 위해 77개국, 24개 산업군 2,000여 개 기업을 대상으로 방대한 자료 조사가 이루어졌다. 보고서에 따르면, 전 세계 기업들 중 단 5%만이 가장 높은 성숙도(레벨 5)를 달성했으며, 성숙도는 디자인팀의 규모와는 상관이 없었다. 또한 가장 능률적인 조직은 '3P'에 자신들의 에너지를 집중한다는 사실도 밝혀졌다. 3P란 다음과 같다.

- **People**(사람): 디자인팀과 디자이너가 아닌 사람들의 협력
- **Practice**(실행): 디자이너의 작업 방식과 작업 기법
- **Platform**(플랫폼): 조직, 계획, 분석, 체계적인 접근

다음은 불리와 인비전이 정의한 성숙도 레벨이다.

레벨 1: 생산자형(41%)

디자인이 화면상에서 이루어진다.

주요 활동: 와이어프레임, 그래픽 목업, 프로토타입

레벨 2: 커넥터형(21%)

디자인이 워크숍에서 이루어진다.

주요 활동: 워크숍, 초안 구상, 이해 관계자의 조언, 디자이너와 개발자 간의 툴 통일

레벨 3: 설계자형(21%)

디자인이 표준화되어 있으며 발전 가능하다.

주요 활동: 일일 스탠드업 미팅, 우선순위 계획과 관리, 디자인 브리프(개요), 필기 자료 수집

레벨 4: 과학자형(12%)

디자인은 가설과 실험의 연속이다.

주요 활동: 콘셉트 테스트 concept test[*], A/B 테스트[**], 디지털 데이터 분석

레벨 5: 선구자형(5%)

디자인은 곧 비즈니스 전략이다.

주요 활동: 트렌드와 약신호 파악, PMF 테스트[***] 진행, 제품 비전, 옴니 채널 전략

---

[*] 제품을 시장에 출시하기 전에 잠재 고객의 반응을 평가하는 것
[**] 사용자들에게 A안과 B안을 보여주고 선호도가 높은 것을 골라내는 실험
[***] Product-Market Fit(제품-시장 맞춤) 테스트: 잠재력 있는 시장에 맞추어 제품을 개발하는 것

조감하기

기업은 디자인 옵스를 항상 신경 써야 한다. 문제를 해결해야 하는 상황은 언제나 발생하며, 긴급한 사안도 처리해야 한다. 그러나 그렇다고 해서 기본을 잊어서는 안 된다.

- 디자인에 최적화된 환경을 만든다. 디자이너들이 행복하고 건강하게 작업할 수 있는 환경을 만든다.
- 디자인 과정이 올바른지, 디자인을 통해 비전 실현과 기업 전략 실행이 가능한지 확인한다.
- 아이디어 실행을 최적화한다. : 개선된 새로운 아이디어가 있는 경우 팀원들과 테스트해보고 좋은 부분을 가져온다.
- 최고 경영진의 참여와 지원을 받는다. 목표 달성에 필요한 자금과 권한을 획득한다.

디자인 대가들을 인터뷰하는 비디오 팟캐스트 〈하이 레졸루션^{High Resolution}〉에 출연한 제러드 스풀은 디자이너가 자신의 생각을 관철시키기 위해서는 CEO의 생각과 주된 관심사를 공감하고 이해할 수 있어야 한다고 이야기했다(사용자에게 공감해야 하는 것과 비슷한 원리다). 예를 들어 CEO들은 다음과 같은 고민을 할 수 있다.

- 어떻게 수익을 올릴까? 어떻게 비용을 절감할까?
- 고객 수를 늘리고 새로운 시장을 개척하는 방법은 무엇일까?
- 고객당 ABS^{Average Basket Size}*를 올리려면 어떻게 해야 할까?
- 기업 가치를 올리려면 어떻게 해야 할까?

＊ 온라인 마켓 등에서 장바구니에 한 번에 담겨 결제되는 상품의 수를 가리킴

- 장기적인 위협 요소(기술 부채[*], 와해성 혁신 기업의 등장, 신기술, 각종 위기, 선생 등)를 어떻게 극복할까?

    디자이너가 고려해야 하는 기본적인 사항들(기업의 존립에 필요한 것들)은 매우 많다. 또한 디자이너 스스로가 관심을 기울여야 하는 문제도 있다. 인간과 현대 사회에 대한 디자이너의 책임을 묻는 '디자인 윤리'가 그중 하나다. 디자인이 기업의 모든 부분에서 영향력을 가지게 되고 혁신의 선두에 서게 될수록, 디자이너는 자신이 하는 일의 영향력과 사회적 책임을 고려해야 한다. 그렇게 해야 하는 이유는 디자이너로서의 신념을 지키기 위해서이기도 하지만, 디자인 윤리와 같은 주제를 젊은 세대(Z세대)가 특히 민감하게 받아들이고 있기 때문에 그들에게 좋은 영향력을 주기 위해서다.

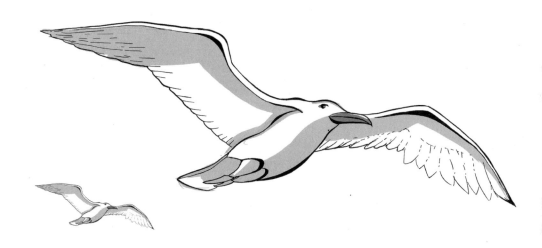

[*] 현시점에서 한정적인 솔루션을 채택하여 추후 기술적 비용이 더 들어갈 것이라 예상하는 것

요점 정리

☑ 디자인 비전과 디자인 원칙을 세움으로써 공동 목표를 향해 공동의 노력을 기울일 수 있다.

☑ 각 스쿼드의 디자이너는 제품을 만들 때 사용자 중심적 접근을 할 수 있도록 돕는다.

☑ 팀 간 조율, 사용자 조사 등 지원 가능한 모든 것을 지원(디자인 시스템 제공, 테스트 참가자 모집 등)하는 전방위적 팀을 만들면 기업의 성장에 도움이 된다.

☑ 제품 홍보에서 일관된 사용자 경험을 유지하려면 홍보를 전담하는 팀이 있어야 한다.

☑ 모든 팀과 경영진에게 규칙적으로 보고하여 모든 측면(전술적, 실행적, 전략적 측면)에서 디자인이 연계되도록 한다.

☑ '한발 물러나기'를 주기적으로 실천하면서 목표에 가까워졌는지 확인한다.

결론

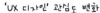

구글 트렌드 ● UX 디자인

'UX 디자인' 관심도 변화

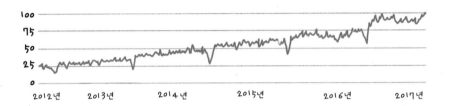

UX 디자인의 밝은 미래

구글 트렌드^{Google Trends}는 구글 메인 검색창에 입력된 전 세계의 검색 키워드를 분석해주는 서비스로, 대중의 관심 주제를 발견하고 시간에 따른 인기도를 측정한다. 구글 트렌드에 따르면, 2004년 이후 UX 디자인에 대한 관심이 계속해서 증가하고 있다. 우리의 일상에서 인터페이스가 점점 더 많아지고 있다는 방증이기도 하다.

인간의 모든 활동은 계속해서 디지털화되고 있고, 거의 모든 사물에 대한 디지털 대응물이 등장하고 있다. 사물인터넷, 자율주행 자동차, 스마트 시티, 스마트 홈, 스마트 컴퍼니 등의 혁신 기술이 우리에게 골칫거리가 되지 않고 진정한 가치를 가져다줄 수 있도록 사용자 경험에 대해 다시 한 번 고찰해볼 필요가 있다. 우리는 처음 우주 개발을 시작할 때와 같은 열정으로 새로운 세상을 만들어나가야 한다.

UX 윤리

디지털 플랫폼에서 활동하는 상인들은 재화와 서비스는 물론, 경험도 판매한다. 그들은 사용자의 관심을 끌기 위해 만인을 대상으로 경쟁을 한다. 사용자의 관심을 끌고, 관심을 소모하고, 관심을 유지하는 방법은 소비자 행동론에 기반한 하나의 학문이 되었다. 한 예로 스탠퍼드 대학교에서는 설득형 디자인persuasive design을 가르친다. 이 디자인은 온라인에 머무르는 시간을 늘리기 위해 심리적·알고리즘적 수단을 사용한다.

구글의 윤리경영 담당자였던 트리스탄 해리스Tristan Harris는 우리의 관심을 광고업계에 팔아넘기는, 너무나도 정교한 설득의 메커니즘을 조심하라고 경고한다. 또한 페이스북의 알림과 '좋아요' 기능, 한 정보에서 다른 정보로 자연스럽게 유입되는 시스템, 스냅챗의 스냅 스트리크snap streak, 비디오 연속 재생 기능 등이 중독을 일으킬 수 있다고도 경고한다.

걱정스러운 점은 이런 시스템들은 생각하게 하는 주제보다 감정적인 자극을 주는 주제를 더 선호한다는 것이다. 그러다 보니 우리가 내리는 주체적인 결정보다 수동적으로 흘러간 시간이 더 강력한 힘을 갖게 되는 경우가 많다. 수동적인 시간을 보낼수록 우리는 진짜 목표에서 멀어지며 자아실현에 어려움을 겪게 된다. 이제 디자이너들이 윤리 의식을 보여줘야 할 때다. 인간의 창의성을 얽매지 않는, 나아가 해방시키는 사용자 경험을 만들기 위해 재능을 쏟아야 할 때인 것이다.

UX 디자인을 긍정적으로 바라보는 시각도 많다. UX 디자인을 통해 일상의 문제가 점진적으로 해결되어 개인의 완전한 자아실현을 도울 수 있다고 믿는 것이다. 예를 들어 단순명료하고 효율적인 공공 서비스, 시민 중심의 공공 서비스를 제공하는 행정 조직이 있다고 생각해보자. 혹은 민주주의에 위협이 되는 기권율을 줄일 새로운 투표·정치 참여 시스템이 있다고 가정해보자. 아니면 아픈 사람들과 그들의 가족, 간호인들을 생각하는 미래형 병원이 있다면 어떨지 상상해보자.

UX 디자인의 적용 범위는 무궁무진하다. UX는 사용 양상과 사회의 모습뿐 아니라 생각하는 능력까지 바꿔나가고 있다. 디자이너 브렛 빅터는 이런 이야기를 했다. 로마인들은 곱셈을 어려워했다. 로마 숫자가 곱셈에 적합하지 않았기 때문이다. 그로 인해 곱셈을 하는 일은 일부 학자들의 몫이 되었다. 그러다 아라비아 숫자가 도입되자 누구나, 심지어 8살 어린이도 곱셈을 할 수 있게 되었다. 곱셈이 어려웠던 까닭은 인간 능력의 한계 때문이 아니라 사용자 인터페이스의 문제였다. 다시 말해, 인터페이스(로마 숫자)가 인간의 활동에 적합하지 않았던 것이다.

우리는 인간의 활동에 적합한 인터페이스를 통해 더 나은 경험을 하게 되고, 인류는 발전한다. UX 디자인이 중요한 이유는 바로 이 때문이다. 인지 정보학의 등장은 제3의 정보 과학 혁명이라고 한다. 인지 정보학은 인간의 인지 활동을 기계가 부담하게 함으로써 인간과 기계의 새로운 공생 관계를 제안하고, 이전 세대에서는 해결이 불가능해 보였던 인류의 주요 과제를 해결할 수 있도록 한다. 또한 인지 정보학은 더욱 자연스러운 상호작용을 할 수 있도록 도와주며, 형식보다 내용에 집중하는 학문이라 할 수 있다.

마지막으로, 영화 〈매트릭스The Matrix〉의 등장인물 모피어스Morpheus의 말을 빌려 여러분에게 묻겠다.

"여러분이라면 어떤 선택을 하겠는가?"